RIQUEZA
MÁS ALLÁ DE LA
DEUDA

MONEY MAX PRO
SISTEMA DE CONVERSIÓN DE
DEUDA EN RIQUEZA

LA GUÍA DEFINITIVA PARA
CONSTRUIR SEGURIDAD
FINANCIERA

JASON INGRAM, IAR

PRÓLOGO DE
JOHN WASHENKO Y SKYLER WITMAN
INTRODUCCIÓN DE FLAVIO JIMÉNEZ

Título original: Wealth Beyond Debt: Money Max Pro Debt to Wealth System - The Ultimate Guide to Building Financial Security

© 2024 United Financial Wealth por la presente edición

Todos los derechos reservados

Queda rigurosamente prohibida la reproducción total o parcial de esta publicación, así como su almacenamiento y transmisión por cualquier medio o procedimiento, ya sea auditivo, gráfico, mecánico o electrónico, sin el permiso previo y por escrito de los titulares de los derechos de autor, excepto en el caso de citas breves incorporadas en reseñas críticas y ciertos usos no comerciales permitidos por la ley de derechos de autor.

Aunque se han tomado todas las precauciones para verificar la exactitud de la información contenida en esta obra, ni el autor ni el editor se hacen responsables por errores u omisiones ni asumen responsabilidad alguna por los daños que puedan derivarse del uso de la información contenida en ella.

United Financial Wealth
120 E 13065 S Draper, UT 84020
Draper, Utah
moneymaxaccountpro.com

Por el texto: Jason Ingram
1.a edición en lengua española: 2024
ISBN: 9798344270852 (edición impresa)
Impreso en los Estados Unidos de América

CONTENTS

A Nota del autor v

Prólogo vii

Introducción xi

Prefacio 1

Sección 1 Deuda y la crisis de deuda de los EE. UU. 7

Sección 2 Impuestos, impuestos, impuestos… 11

Sección 3 United Financial Freedom y
      United Financial Wealth 17

Sección 4 Estudios de caso 35

    a. John y Rebecca Jones 35

    b. Dra. Paula Roberts 44

    Estrategias avanzadas 51

    c. Robert Tucson 57

    Regla 72(t) 67

Sección 5 Conclusión 71

Apéndice 1 73

A NOTA DEL AUTOR

A medida que termino de escribir este libro, con frecuencia amanezco temprano preguntándome: «¿Qué olvidé?». Siempre hay algo que pienso que podría haber hecho diferente o explicado de alguna otra forma a fin de haber sido más claro y preciso.

He escrito dos libros exitosos sobre riqueza: *Accelerated Wealth* y *Accelerate Your Impact*. Me he reunido y ayudado a cientos de familias con estrategias para generar riqueza. A la gente le gusta tener un plan. Ingenieros, pilotos de aerolíneas, médicos, maestros y profesores —cualquiera sea la profesión que escojas—, todos tienen planes y hacen lo posible por seguirlos y ejecutarlos.

Los pensamientos que prevalecen sobre deuda y riqueza se han mantenido a lo largo del tiempo. Todos los comentaristas nos dicen que primero debemos deshacernos de nuestra deuda y gastos superfluos, que debemos retomar el control de nuestro presupuesto. Algunos incluso sugieren que acojamos a un huésped. Solo *entonces* podemos generar riqueza para la jubilación.

Me temo que tengo que diferir y, hasta la aparición de The Money Max Account Pro Debt to Wealth System (Sistema Deuda a Riqueza de The Money Max Account Pro), habría concordado con ellos. Este increíble *software* devuelve la pelota y convierte la esperanza en una genuina y poderosa estrategia. Puedes saldar tu deuda y generar riqueza simultáneamente.

Recuéstate y prepárate para darle un vuelco a algunas de tus creencias e ideas. Supón que te comprometes y sigues el sistema. En ese caso, no solo amortizarás tu hipoteca y saldarás préstamos estudiantiles y demás deudas más rápido de lo que puedas imaginarte, sino que también crearás un fondo de pensiones privado con enormes ventajas fiscales para cuando te jubiles.

¿Demasiado bueno para ser verdad? Lee y compruébalo por ti mismo. ¡*Carpe Diem*!

Jason Ingram

PRÓLOGO

Cuando Skyler Witman y yo iniciamos nuestro negocio en 1998, queríamos ayudar a las familias. Comenzamos nuestra compañía hipotecaria financiándola con nuestros ahorros y tarjetas de crédito. Creíamos que, una vez que construyésemos la reputación de tener las mejores tarifas y servicios, se correría la voz y vendrían cosas buenas. Por suerte, esto resultó ser cierto. A medida que nuestra empresa crecía, comenzamos a ver un patrón alarmante. La gente continuaba endeudándose una y otra vez. Teníamos demasiados clientes recurrentes. Era inquietante y sabíamos que debía haber una solución. En 2006, nacieron **United Financial Freedom (UFF) y Money Max Account (MMA)**. Es una forma sólida y estable de ayudar a las familias a saldar sus deudas y dejar de cavar agujeros tan profundos. Lo implementamos en un pequeño grupo de prueba y quedamos atónitos con los resultados. ¡Funcionó! Desde sus inicios, **el sistema MMA ha amortizado $ 2500 millones en deuda privada (deuda del consumidor) con $ 9000 millones en deuda gestionada**.

Adelantando la película hasta 2024, después de una investigación adicional y un amplio desarrollo posterior del sistema MMA, nos complace anunciar una emocionante actualización: **The Money Max Account Pro Debt to Wealth System** (Sistema

Deuda a Riqueza de The Money Max Account Pro). Este sistema puede saldar la deuda familiar en un tercio o la mitad del tiempo y simultáneamente generar riqueza para la jubilación. Es verdaderamente revolucionario.

El libro que estás por leer es breve; no obstante, describe a grandes rasgos lo que creemos que es la herramienta financiera más poderosa que jamás hayamos visto para las familias. Son puras matemáticas y funciona.

La jubilación se ha vuelto compleja y requiere una planificación cuidadosa. En 1960, el hombre promedio tenía una expectativa de vida de 66,6 años. Hoy en día, la esperanza de vida de un hombre estadounidense promedio es de 78,93 años: ¡más de una década! Para alguien nacido hoy en 2024, se proyecta que la esperanza de vida promedio será de 88,78 años, lo que significa otra década más y, por ende, otra década de jubilación para financiar. Los jubilados están en busca de ingresos que sean confiables y seguros. Necesitan mejorar la gestión impositiva antes y durante la jubilación.

Lo que es más importante, buscan proteger su capital, el cual representa toda una vida de trabajo y recompensa. Para algunos, esto ha sido bien planificado. Para otros, ha sido miedo y terror financieros. Sin importar las circunstancias, la jubilación es una categoría en sí misma. Mil decisiones pequeñas concernientes al ahorro y aplazamiento de la gratificación son la piedra angular. El trabajo, el ahorro, el gasto y los cambios profesionales son todos cruciales. Si durante nuestros años de ingresos no tomamos decisiones respecto a nuestro estilo de vida, tendremos pocos recursos con los que jubilarnos.

De modo casi unánime, los estadounidenses también buscan ayuda: asesoramiento profesional, experimentado y razonado. El asesoramiento en materia de inversión no es complicado, pero, para el ingeniero jubilado, el propietario de una pequeña empresa, el maestro (o cualquiera de nosotros) podría serlo. De ahí que la ayuda puede hacer la diferencia entre una confortable jubilación y una estresante.

The Money Max Account Pro Debt to Wealth System está diseñado para guiarte hacia una vida libre de deudas y crear un camino para una holgada jubilación. En cuanto a las muchas familias a las que continuamos ayudando, Skyler y yo seguimos imaginando que no estarán endeudadas y, ahora, con esta actualización, el MMA Pro puede ayudarlas a crear riqueza y construir un retiro sin estrés.

Jason Ingram se unió a UFW como nuestro director de estrategia en 2021 después de vender su consultoría de servicios financieros en St. Louis y tener un muy breve retiro. Su pericia en seguros de vida y otras tácticas y estrategias financieras era justo lo que necesitábamos para llevar a UFW al siguiente nivel.

Espero que disfrutes este libro tanto como yo lo he disfrutado. Recuerda, ¡el conocimiento aplicado es poder! Toma medidas. Planifica. Sigue el plan. Disfruta de tu retiro.

John Washenko y Skyler Witman
Cofundador de UFF y UFW

INTRODUCCIÓN

Allanar el camino hacia la independencia financiera de la comunidad hispana

En un mundo que muchas veces exige resiliencia y adaptabilidad, la educación y el conocimiento sirven como guía para la comunidad hispana en los Estados Unidos. Es verdad, hay quienes dicen que el conocimiento es poder, pero, por mi parte, opino que el verdadero poder radica en el conocimiento aplicado.

En mi programa semanal de radio, los seminarios a nivel nacional que dirijo y mi libro Te aclimatas o te aclichingas, comparto un poderoso mensaje que trasciende culturas y raíces, a la vez que ofrece conocimientos inestimables para lograr la independencia financiera.

A menudo, el éxito depende de la capacidad de la persona para adaptarse a las cambiantes mareas de la vida. Para muchos hispanos en los Estados Unidos, esta adaptabilidad no es solo una elección posible; es, en realidad, una necesidad. Si bien los hispanos son considerados uno de los grupos más trabajadores del país, su habilidad de vincular la dedicación al trabajo con el éxito financiero deseado es algo que continúa eludiéndolos.

La verdadera independencia financiera conlleva el no depender de fuentes externas que brinden apoyo, ya sea el gobierno, pensiones del seguro social o incluso el apoyo de sus propios hijos u otros familiares. Lo que yo propongo es edificar un legado personal que proporcione seguridad y prosperidad para sí mismos y para las generaciones futuras. Esta visión de autosuficiencia hace eco del arduo trabajo y los valores familiares de la comunidad hispana.

En un mundo donde la tecnología y los avances médicos están ampliando nuestra longevidad, la comunidad hispana debe esforzarse por lograr la seguridad financiera necesaria para sus últimos años. Este es un mensaje crítico, dado que muchos hispanos empiezan a envejecer sin haber logrado la estabilidad económica que deseaban.

Entiendo muy bien los desafíos que enfrentan los hispanos en los Estados Unidos y es por eso por lo que me he dedicado a ayudarlos a superar estos obstáculos. La educación y la superación personal son esenciales en una sociedad que tanto se presta al cambio. A fin de ayudar a mis estudiantes a lograr su seguridad económica, lo que hago es presentarles una hoja de ruta que los librará del ciclo de dificultad financiera. Consciente de que no se trata de señalar factores o circunstancias externas como culpables, es preciso que cada persona tome el control de su propio destino financiero. Este mensaje se destaca por su particularidad en un momento en el que prevalece la incertidumbre económica, lo que hace que la educación financiera sea un requisito indispensable.

Mi libro *Te aclimatas o te aclichingas* desafía a los lectores a hacerse una pregunta fundamental: ¿qué diablos vas a hacer para lograr tu libertad financiera?

Mi compromiso es el de brindar soluciones tangibles a mis estudiantes. Independientemente de sus antecedentes o circunstancias, existe un camino comprobado hacia la independencia financiera y me propongo dotar a los hispanos del conocimiento y la mentalidad adecuados para que puedan salir del ciclo de dificultades económicas.

El sistema MONEY MAX PRO DEBT TO WEALTH es esencial para comprender cómo gastamos y cómo ahorramos. Actúa como un GPS financiero, y pone fin al círculo vicioso y al peso de la deuda.

Mi confianza en la inversión inmobiliaria adecuada se ve reforzada por los resultados comprobados del uso de este sistema. Al utilizar el mismo dólar dos veces, una persona puede cancelar su deuda y, simultáneamente, generar el tipo de riqueza que se extiende más allá de su ciclo de vida; puede proteger a su familia y establecer su propio legado con poderosas ventajas fiscales.

Espero que quienes elijan leer este libro permitan que se convierta en una parte del sistema de conocimientos aplicados que cambiarán su destino y el de sus familias.

Flavio Jimenez

PREFACIO

*¿Cuándo te gustaría saber
si lo que creías que era verdad
resultó no serlo?*

SON LAS 2 A. M. La casa está en silencio. Los niños duermen tranquilamente en sus habitaciones. Tu esposa ronca suavemente a tu lado. Estás agotado, pero tu mente sigue a la carrera. Das vueltas en la cama. Te levantas sin hacer ruido y vuelves a revisar tu estado de cuenta bancario en la computadora. Para la mayoría de nosotros, el dinero es lo que nos desvela debido a la preocupación. Cuando las parejas pelean o discuten acaloradamente, casi siempre es por causa del dinero: la preocupación de si el 401(k) volverá a caer como el año pasado, la preocupación de si se podrá pagar la universidad de los hijos, la preocupación del trabajo y la inflación. Aunque solo tengas 40 años, te preguntas si tendrás que trabajar para siempre por no tener suficientes ahorros para la jubilación o un plan para ahorrar más. Puede que las deudas te preocupen. No tienes una deuda exorbitante en la tarjeta de crédito (apenas unos cuantos miles de dólares), solo dos autos, los préstamos estudiantiles que continúas pagando después de quince años y la hipoteca.

Compraste la casa hace unos años cuando las tasas hipotecarias rondaban el 3 %. El dinero era barato, así que puede que hayas comprado una casa un poco más cara de lo que en realidad podías pagar. Pero, Dios, tenía un patio trasero grandioso, estaba en un área perfecta y tanto a tu mujer como a tus hijos les encantó.

Todo lo que ahora quieres es que la rueda deje de girar mientras estás despierto en la cama. Sabes que necesitas una guía, alguien que actúe como orientador, algún modo de sortear el complicado mundo de las finanzas y que te ayude a saber que estás encaminado. Algunas formas de hacer cambios cuando tu mundo cambia, como cuando recibes un aumento de sueldo, tienes un gasto extra o contemplas irte de vacaciones con la familia. ¿Puedes permitírtelo?

Ahora, exhausto, te quedas dormido, pero, cuando despiertas, se reanuda la cháchara interminable sin impedimento alguno: ¿y si?, ¿y si?, ¿y si?

EL LEÓN Y LA GACELA
¿CUÁL ERES?

«Cada mañana, en África, se despierta una gacela. Sabe que debe correr más rápido que el más rápido de los leones o será devorada.
Cada mañana se despierta un león. Sabe que debe aventajar a la gacela más lenta o morirá de hambre.
No importa si eres un león o una gacela... ¡Al salir el sol, será mejor que corras!».

UN LEÓN SABE LO QUE debe hacer diariamente para alimentarse y sobrevivir. Tiene objetivos claros (comer o morir de hambre), un plan (acechar gacelas), urgencia (tengo hambre ahora y tendré aún más hambre después) y un propósito (capturar a su presa). Y el león monitorea su progreso: ¿la barriga está llena hoy?

Una gacela sabe que debe correr para salvar su vida y sobrevivir; siempre está a la defensiva. Todo lo que sabe es que el león la persigue y debe correr. La gacela debe aventajarlo o ser más astuta que él para sobrevivir. ¿Qué pasa si solo se pone en pie para correr, pero lo hace en sentido contrario? No hay segundas oportunidades. Un león puede pasar un día sin comer, pero ella no tiene una segunda oportunidad. Corre sin propósito ni plan: corre para sobrevivir.

La analogía del león y la gacela no difiere de la planificación de la jubilación del mundo actual. Somos leones o gacelas, y a menudo solo corremos sin tener idea del rumbo. No queremos que nos coman o tenemos tanta hambre que apenas podemos soportarlo.

El moderno sistema de planificación financiera utilizado por el 98 % de los asesores financieros necesita corregirse. Todos estamos ansiosamente esperando por un posible próximo 2001-2002 o 2007-2009. «¿Cuánto voy a perder?». Parecemos gacelas frente a los reflectores. Sin embargo, no tiene por qué ser así.

Conforme al Modelo de Proyección de Seguridad de Jubilación del EBRI (RSPM, por sus siglas en inglés), desarrollado en 2003 y actualizado numerosas veces, se estima que el 40,6 % de todos los hogares estadounidenses encabezados por alguien de entre 35 y 64 años no tendrán suficiente dinero durante la jubilación. Esto, en función de una base de datos de 27 millones de participantes del 401(k) y titulares de cuentas individuales de jubilación (IRA, por sus siglas en inglés). Esto indica que una gran cantidad de hogares se quedarán cortos de dinero.

Y todos vivimos más tiempo: la longevidad puede que sea uno de los factores más peligrosos incidiendo en la supervivencia de nuestros ahorros de jubilación. En el 50 % de las parejas de 65 años, uno de sus miembros vivirá más de 92 años; y un 25 % tendrá un miembro que vivirá más de 96 años, lo que significa que uno de los miembros tiene una probabilidad en cuatro de vivir jubilado por treinta y un años.

> *¿Sería una locura pensar que en siete a nueve años, aproximadamente, nunca más tendrías que hacer un pago hipotecario?*
>
> *¿Sería una idea ridícula que pudieras saldar tu deuda mientras simultáneamente creas un plan de jubilación con ventajas fiscales?*

A todos nos han enseñado que, para crear riqueza, primero debemos pagar nuestras deudas. ¿Es posible saldar la deuda mientras creas un plan de jubilación con ventajas fiscales? ¿Qué pensarías si te dijese que puedes saldar tu deuda y simultáneamente construir un plan de jubilación con ventajas fiscales? Puede que suene muy bueno para ser verdad, pero no solo es posible, sino que está aconteciendo. A todo lo largo y ancho del país, familias como la tuya están utilizando el The Money Max Account Pro Debt to Wealth System (Sistema Deuda a Riqueza de The Money Max Account Pro) para saldar sus deudas y simultáneamente generar riqueza.

Parece demasiado bueno para ser verdad porque lo que los bancos nos han enseñado acerca de cómo utilizar el dinero es demasiado malo para creerlo.

SECCIÓN 1
DEUDA Y LA CRISIS DE DEUDA DE LOS EE. UU.

LOS EXPERTOS DE AMBAS partes coinciden en que tenemos un problema de deuda. Es una de las pocas situaciones en las que el Congreso logra ponerse de acuerdo. Por supuesto, no concuerdan en cómo solucionarlo. ¿Por qué es importante para las familias estadounidenses?

La crisis de la deuda estadounidense se refiere a la creciente deuda nacional del Gobierno de los Estados Unidos, la cual ha ido en aumento durante varias décadas. Para 2023, la deuda nacional se estimó en más de $ 33 billones y está expandiéndose rápidamente.

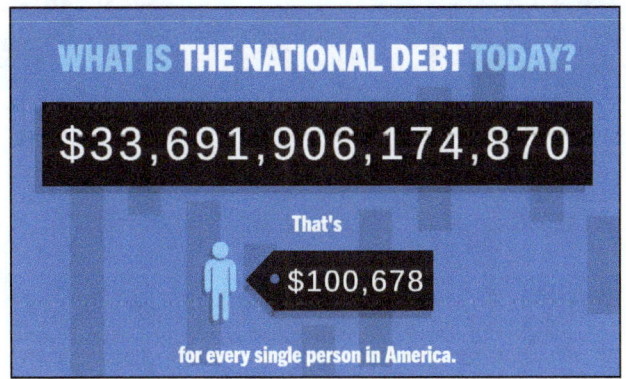

Más inquietante aún es la obligación rara vez discutida por los genios de Washington: los pasivos no financiados.

Los pasivos no financiados son obligaciones financieras futuras de un gobierno, empresa o individuo que no están actualmente respaldadas por los correspondientes activos o fondos para pagarlas. Por ejemplo, en el contexto del Gobierno de los EE. UU., los pasivos no financiados podrían referirse a las promesas de financiar, al completo, programas de alfabetización escolar para los cuales el Gobierno no ha reservado suficientes fondos a objeto de realmente cubrir los costos.

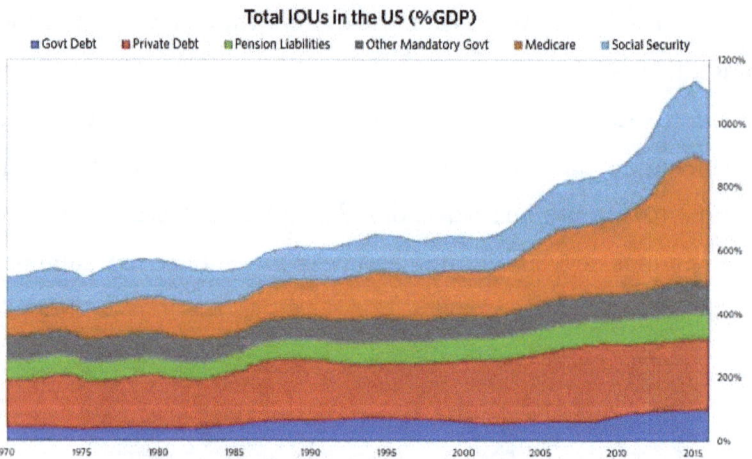

Los pasivos no financiados pueden ser un problema importante en un presupuesto, pues crean un riesgo de tensión financiera a futuro o quiebra para la entidad responsable. En el caso de un gobierno, los pasivos no financiados pueden ser una carga para las generaciones futuras y limitar la capacidad del gobierno para financiar otras prioridades esenciales.

Para atender los pasivos no financiados, muchos expertos recomiendan reducir las obligaciones futuras, incrementar la financiación de las deudas existentes o una combinación de ambas. Se estima que los pasivos no financiados estadounidenses ascienden a $ 121 billones y van en aumento.

Crisis de deuda soberana

La deuda estadounidense es la obligación financiera total que el Gobierno federal debe. Está compuesta por:
- Deuda pública: reflejada en los pagarés del Tesoro de los Estados Unidos.
- Deuda intergubernamental: es lo que el Tesoro les adeuda a varios departamentos gubernamentales. La porción más considerable adeudada a la seguridad social.
- **Una crisis de deuda soberana** ocurre cuando un país no puede pagar sus facturas. Pero esto no acontece de la noche a la mañana. Existen muchas señales de advertencia. Se convierte en crisis cuando los líderes del país ignoran estos indicadores por razones políticas.

Los Estados Unidos tiene el récord de poseer la mayor deuda soberana por un solo país en el mundo. Debido a su elevada relación deuda-producto interno bruto (PIB), muchos se preocupan por la capacidad de pago futura de los Estados Unidos. En las negociaciones entre el Congreso y la Casa Blanca sobre el techo de deuda, podemos comenzar a ver la disfunción de nuestro liderazgo. Aun cuando aparentemente llegan a acuerdos, siempre son a corto plazo y justo a tiempo. ¿Y qué tal la próxima vez? ¿Hay alguna razón para pensar que serán mejores en esto? ¿O está bien posponer un poco más el tener que lidiar con este cobertizo repleto de dinamita?

Olvidémonos de eso...

¿Alguna vez has visto los dibujos animados de Wile E. Coyote en los que intenta ser más astuto que el Correcaminos? Puede que recuerdes el episodio en el que el coyote compró un cobertizo ACME y está adentro cortando la parte superior de las zanahorias (zanahorias ACME, claro está) y llenándolas con explosivos, todo mientras se dice a sí mismo que es un genio. Entretanto, sin que el coyote lo sepa, el correcaminos enlaza el cobertizo y lo lleva a las vías ferroviarias. Wile E. continúa en lo suyo hasta que escucha el silbido de un ferrocarril. Para, se da la vuelta, mira por la ventana y ve que un tren se le viene encima. ¿Se sale de las vías? No, cierra la cortina. Claro, el tren choca con el cobertizo y lo explota todo, incluido Wile E., pero, más allá de quemársele un poco de pelaje, no sale mal parado de la experiencia.

Nosotros, los estadounidenses, estamos en el mismo barco. Tenemos nuestras cabezas metidas en la arena en tanto trabajamos para sobrevivir y esperamos poder jubilarnos antes de morir. *La esperanza no es una estrategia.*

SECCIÓN 2
IMPUESTOS, IMPUESTOS, IMPUESTOS...

A LO LARGO DE MI carrera en planificación financiera, impartí clases a estudiantes adultos (estudiantes vitalicios) en dos institutos comunitarios y una universidad. Al discutir sobre los impuestos sobre la renta, siempre les preguntaba a mis alumnos: «¿Creen que los impuestos subirán, bajarán o permanecerán igual?». No recuerdo a nadie haber respondido jamás: «Permanecerán igual» o «Bajan».

Tu IRA o 401(k): cuentas de impuestos diferidos

¿Recuerdas cuando las películas antiguas mostraban fiestas de jubilación para aquellos quienes, después de trabajar cuarenta y cinco años en la tienda de la empresa, habían llegado a ese glorioso día? Los amigos del afortunado se reunían para felicitarlo y el gran jefe lo llamaba al podio y le entregaba una cajita envuelta en papel de regalo. Todos sus compañeros de trabajo observaban entusiastas porque sabían que algún día estarían junto al jefe entregándoles la pequeña caja. Nuestro héroe tiraba de la cinta y abría cuidadosamente el regalo: ¡era un reloj de oro! Toda esa dedicación y servicio, y era él quien recibía el agradecimiento.

También recibía una pensión de la empresa. No era tanto como lo que solía ganar mensualmente, pero, hombre, era fantástico saber que, con la pensión de la empresa y su seguro social, ya podía retirarse y sentarse tranquilamente en el porche con una cerveza fría en su mano después de cortar su césped perfectamente cuidado. Ese cheque llegaba mensualmente como un reloj. Su arduo trabajo y dedicación habían dado sus frutos. Lo había logrado.

Con la llegada del 401(k) en 1980, también conocido como *Planes de contribución definida,* y luego con el uso de fondos mutuales en estos planes de jubilación, la puerta para el inversionista promedio se abrió de par en par. Sin poder seguir contando con un plan de beneficios definidos (pensión) de su empleador, la responsabilidad de una jubilación exitosa pasó de la empresa al individuo, y sus riesgos recayeron en este último. Grandioso para las empresas, pero no tanto para los empleados. No más relojes de oro.

Uno de los conceptos más esenciales de las contribuciones diferidas es que tu IRA es solo tuyo. Tengo terribles noticias para ti. Tienes pareja y no es tu cónyuge. Es tu Tío Sam. Él determinará y dictará cuándo pagarás los impuestos sobre el IRA y cuánto pagarás. Se alega que al ladrón de bancos Willie Sutton le preguntaron: «¿Por qué robas bancos?». Él respondió: «¡Es ahí donde está el dinero!». Tu rico Tío Sam lo ve del mismo modo.

David Royer, autor de *Top Ten IRA Mistakes*, habla sobre cómo sortear el laberinto de la jubilación. Además de lo mencionado anteriormente sobre los impuestos y el IRS, también nos dice que el segundo mito es que puedes ganarle al impuesto. No hay forma de romper tu contrato con el IRS. No existe una «cláusula de exclusión». Aun si mueres, tu tío recibirá su parte (tus beneficiarios pagarán impuestos). Nuevamente, el IRS decidirá cuándo tú o tus herederos pagarán el impuesto y cuánto (porcentaje) te gravará. Tu tío nunca pierde ni duerme.

Cuando te contrataron y el departamento de Recursos Humanos compartió contigo algunos de los beneficios por trabajar para ACME, te emocionó descubrir que tenían un plan 401(k). Se veía genial y, en muchos sentidos, lo era. ACME contribuiría o igualaría hasta el 3 % de tu contribución y esos ingresos que reservabas para la jubilación no pagarían impuestos mientras los ahorrabas; crecerían con impuestos diferidos (postergados). Casi parecía demasiado bueno para ser verdad. Y lo era. Tu Tío Sam favorito te daría un respiro y no recaudaría impuestos sobre el dinero que apartabas en tu 401(k) ni te cobraría impuestos sobre el crecimiento. Pero lo que no dijo fue que no te cobraría impuestos sobre la «semilla», tus contribuciones al 401(k). No obstante, después de cuidar el «cultivo» (las contribuciones de tu empleador más el crecimiento), al comenzar a retirar fondos después de jubilarte (la cosecha), te gravarían a la tasa que tanto él como el Congreso decidiesen que más les convenía. Si los impuestos fueron mayores al jubilarte que cuando trabajabas, cometiste un ligero error de cálculo.

Piénsalo de esta forma. Quieres pedir dinero prestado para ese barco que has soñado tener. Vas a tu cooperativa de crédito local y te sientas con una agente. Le muestras las fotos del barco, la inspección y el precio de venta. Tienes el pago inicial del 30 % (el barco cuesta $ 100 000) y debes financiar el saldo. La funcionaria de préstamos te informa que tu crédito y el valor del barco también son buenos. Te agenda para un cierre para el fin de semana y pregunta:

—¿Cómo le gustaría recibir los fondos: depósito a su cuenta o cheque de caja?

Le dices que en tu cuenta estará bien.

—Muy bien —te responde y, mientras se acerca para estrecharte la mano, agrega—: haré que mi asistente redacte los documentos del préstamo.

Estás listo para estrecharle la mano, pero te repliegas. Piensas: «Nunca discutimos las tasas de interés o los términos de pago». Así que dudas, miras su mano extendida y, a sus ojos, le dices:

—Marsha, ¿no nos estamos olvidando de algunos detalles sobre este préstamo?

—¿Qué quiere decir? —te pregunta, deteniéndose y mirándote directamente.

—Bueno, ¿cuáles son la tasa de interés y el plazo? —Esto es importante.

—Oh, esos detalles. Bueno, déjeme compartirle los términos de este préstamo —responde ella, retirando la mano y respirando profundo.

Te recuestas en tu asiento y observas su rostro cuidadosamente. Ella señala:

—Usted tiene un gran crédito; ha sido cliente del banco desde hace mucho tiempo y valoramos a su familia y nuestra relación. Queremos servirle, pero no estamos seguros de las tasas en este momento. Le diré una cosa: tome el préstamo y, cuando necesitemos el dinero de vuelta, le informaremos la tasa y los términos.

¿Qué? Nadie pediría prestado de esa forma. Nadie tendría un socio sin saber cuáles son los costos. Pero eso es precisamente lo que tu IRA o 401(k) han hecho por ti. Fuiste un administrador cuidadoso: ahorraste, te las arreglaste sin dinero, te aseguraste de que tu empresa igualase las cuentas diferidas y cuidaste con esmero el «jardín» de tus finanzas. Y ahora estás deseando pasar de la fase de *acumulación* a la fase de *distribución* para tu retiro. Estás listo para cosechar los beneficios que tu cuidadosamente pensada y ejecutada estrategia de ahorro acumuló. Es hora de utilizar esta cuenta de impuestos diferidos para reemplazar tu cheque de pago.

Pero ahora tu socio, el Tío Sam, dice: «Quiero mi parte».

No tiene por qué ser así.

SECCIÓN 3
UNITED FINANCIAL FREEDOM Y UNITED FINANCIAL WEALTH

United Financial Freedom (UFF) y **United Financial Wealth (UFW)** son empresas dedicadas a ayudarte a saldar exitosamente tu deuda y, simultáneamente, generar riqueza para una jubilación genuinamente segura y predecible. UFF te enseña cómo deshacerte de las deudas de la forma matemática más rápida y te muestra la causa y efecto de tus gastos. UFW simultáneamente construye riqueza al tiempo que elimina tus deudas. Cuando combinas UFF, el sistema de eliminación de deuda, con UFW, el sistema de creación de riqueza, estás en vías de alcanzar el éxito financiero más significativo que puedas lograr.

Nuevamente, ¿suena demasiado bueno para ser verdad? Esto es porque el modo en que los bancos y el sector financiero están organizados y el modo en que nos han enseñado a usar el dinero desde que éramos jóvenes es demasiado malo para creerlo.

United Financial Freedom (UFF)

Saldar todas tus deudas en un tercio a la mitad del tiempo es una estrategia poderosa para liberarte de ellas. Algunos de ustedes quizás recuerden una tradición de hace mucho tiempo rara vez vista en la sociedad actual: la fiesta de la quema de hipoteca. Al final de la hipoteca a treinta años, una vez realizado el pago final, la familia y amigos de un propietario recién liberado de la deuda se reunían para hacer una fogata y celebrar. Todos darían vivas al arrojar el contrato hipotecario a las llamas. ¡Yuju! La casa por fin estaba amortizada.

Pocos de nosotros recordamos estos acontecimientos porque rara vez ocurren en las estructuras hipotecarias actuales. En 2021, se refinanció el veinticinco por ciento de los préstamos hipotecarios. Las bajas tasas de interés y el dinero fácil han hecho que la refinanciación o la compra de un nuevo inmueble sean parte habitual de la rutina familiar. Los bancos aman esto. Dado que todos los préstamos hipotecarios (y la mayoría de los demás préstamos) se cargan al inicio, la mayor parte de los intereses se pagan primero y el capital se va pagando lentamente.

Si fuiste lo suficientemente afortunado de haber refinanciado o comprado una casa en los últimos años, puede que tengas una baja tasa de interés en esa hipoteca. Una tasa hipotecaria fija a treinta años del 3,5 % tendrá un pago a partes iguales (capital e interés) en el pago número ciento veintitrés, o al cabo de diez años, aproximadamente. Si la tasa fuese del 3 %, el pago en el que la mitad esté destinada a intereses y la otra mitad al capital se produciría en el pago número ochenta y cuatro. Si fuese del 4 %, tendrías que esperar hasta el pago número ciento cincuenta y cuatro, aproximadamente, trece años después de empezar a pagar para que la mitad de ese pago mensual se destinase a la reducción de capital. La otra mitad seguiría destinándose a los intereses. (Para los lectores del libro impreso, pueden encontrar tasas hipotecarias actualizadas a treinta años en hsh.com).

En el entorno hipotecario actual, con tasas promedio en torno al 7,2 % para una hipoteca fija a treinta años, si refinanciases o comprases una nueva casa hoy, no estarás en el punto medio del préstamo hasta el 2043: unos asombrosos 20,3 años. ¿Crees que los bancos estarán contentos?

He aquí como se vería una hipoteca hoy en día:

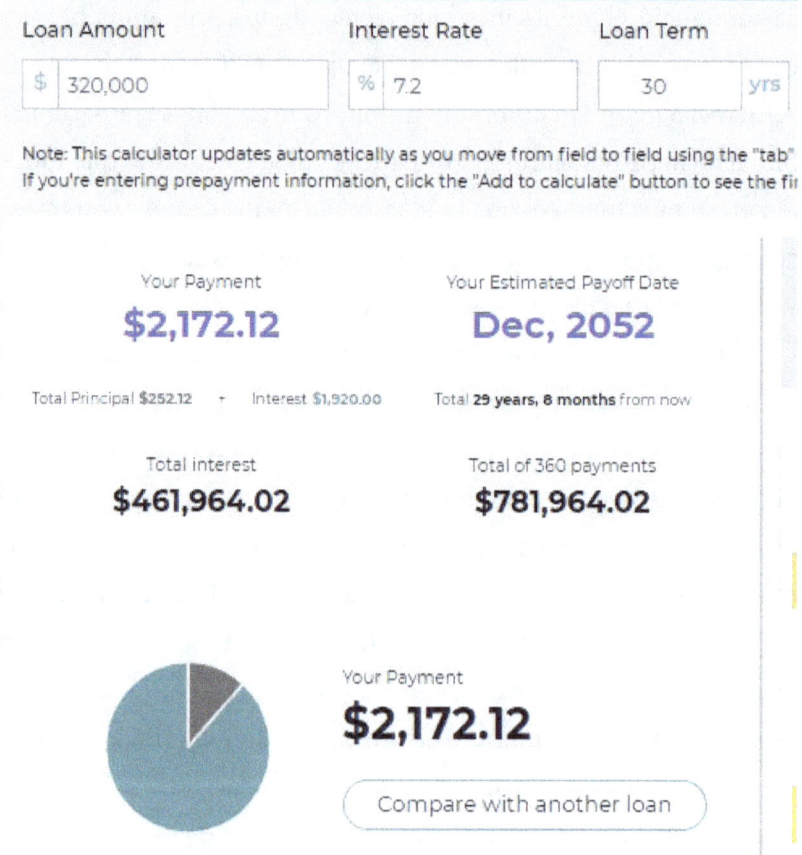

Para una hipoteca inicial de $ 320 000, pagarás casi $ 462 000 en intereses, ¡para un total de cerca de $ 782 000! (Recuerda, es demasiado malo para creerlo). Finalmente, si conservas la casa todo ese tiempo, en 2042, aún continuarás pagando más en intereses que en capital con tu pago mensual. ¡Son puras matemáticas! Es también por eso que los bancos tienen los edificios más prominentes en cada ciudad. Saben cómo utilizar el dinero mucho más eficazmente que el público en general. Mantienen el efectivo constantemente circulando. Nunca está quieto, sino siempre invertido y ganando.

Plan de amortización

Year	Principal	Interest	Total Payment	Balance
2023	$3,127.33	$22,938.14	$26,065.47	$316,872.67
2024	$3,360.08	$22,705.39	$26,065.47	$313,512.59
2025	$3,610.15	$22,455.32	$26,065.47	$309,902.44
2026	$3,878.83	$22,186.63	$26,065.46	$306,023.60
2027	$4,167.51	$21,897.95	$26,065.46	$301,856.09
2028	$4,477.68	$21,587.79	$26,065.47	$297,378.41
2029	$4,810.92	$21,254.54	$26,065.46	$292,567.49
2030	$5,168.97	$20,896.49	$26,065.46	$287,398.51
2031	$5,553.67	$20,511.80	$26,065.47	$281,844.84
2032	$5,967.00	$20,098.47	$26,065.47	$275,877.84
2033	$6,411.09	$19,654.38	$26,065.47	$269,466.76
2034	$6,888.23	$19,177.24	$26,065.47	$262,578.53
2035	$7,400.88	$18,664.59	$26,065.47	$255,177.65
2036	$7,951.68	$18,113.79	$26,065.47	$247,225.97
2037	$8,543.48	$17,521.99	$26,065.47	$238,682.50
2038	$9,179.32	$16,886.15	$26,065.47	$229,503.18
2039	$9,862.48	$16,202.98	$26,065.46	$219,640.69
2040	$10,596.49	$15,468.98	$26,065.47	$209,044.20
2041	$11,385.12	$14,680.34	$26,065.46	$197,659.08
2042	$12,232.45	$13,833.01	$26,065.46	$185,426.63
2043	$13,142.84	$12,922.62	$26,065.46	$172,283.78

The Money Max Account (MMA) de UFF le ha dado la vuelta a la tortilla a los bancos y ha reescrito este guion para miles de familias. En vez de nunca tener esa fiesta de quema de hipoteca en treinta años, la familia promedio podrá pagar toda lo que adeuda en apenas cinco a siete años sin modificar su estilo de vida. La estrategia no consiste en hacer recortes y ahorrar, sino en emular la estrategia monetaria del banco: utilizar el dinero más inteligentemente y realizar operaciones bancarias como los bancos. ¿Cuál preferirías ser: el banco o su cliente?

Análisis de deuda/creación de riqueza

En UFW estamos adoptando un nuevo enfoque para saldo de deuda y construcción de una jubilación segura, confiable y con ventajas fiscales. Nuestra misión es ayudarte a identificar las áreas en las que, inconsciente e innecesariamente, estás transfiriendo a otros tu dinero ganado con gran esfuerzo y ayudarte a reconocer y eliminar esas pérdidas.

Uno de nuestros agentes autorizados comenzará haciéndote algunas preguntas sobre tu situación financiera.

- **SOBRE TI:** Tu edad, otras cuentas como 401(k) o IRA, pólizas de seguro actuales, cuándo deseas jubilarte y cuáles te gustarían que fuesen tus ingresos cuando te jubiles.
- **INGRESOS:** Cuándo y cuánto te pagan.
- **CUENTAS BANCARIAS:** Cuánto sueles tener en tus cuentas corriente y de ahorro. No necesitamos ningún número de cuenta.
- **DEUDA:** ¿Tienes alguna deuda? Nos interesa saber sobre hipotecas, tarjetas de crédito, préstamos estudiantiles, vehículos u otras obligaciones.
- **GASTOS:** Cuánto de tus ingresos se destina a pagar tus facturas y gastos de manutención. Cuánto ingreso discrecional tienes (el remanente después de pagar todas tus deudas mensuales y gastos de estilo de vida). *El sistema solo funcionará si tus ingresos superan tus gastos, incluso si tan solo son cien dólares mensuales.*

Nuestro GPS financiero analiza tu deuda y encuentra la forma más rápida de saldarla utilizando tu dinero lo más eficientemente posible.

A lo largo de los años, UFF ha sido honrada con múltiples galardones. Recibimos el premio Ernst & Young al Emprendedor de Año en la categoría de servicios financieros para la región de Utah, y hemos aparecido en múltiples noticias, revistas y artículos periodísticos. Pero el reconocimiento más gratificante que hemos recibido es el de los propietarios particulares que nos dieron su voto de confianza y se percataron de que existe una mejor forma de vivir que renunciar a sus vidas financieras por más de treinta años.

A diciembre de 2023, con la ayuda del programa, miles de propietarios y no propietarios inmobiliarios en todo Estados Unidos saldaron **más de $ 2400 millones** en deuda y tienen $ 8500 millones en deuda gestionada en el programa MMA. Más aún,

¡muchos de nuestros clientes ahora están completamente libres de deuda y **generando riqueza con MMA Pro!**

Qué es este método financiero

- Es una forma comprobada para saldar deudas rápidamente.
- Es un método comprobado para ayudar a los consumidores a crear riqueza.
- Este método financiero funciona con buen crédito o sin este y mejora tu crédito.

Qué no es este método financiero

- No es un programa de pago quincenal o de refinanciamiento.
- No es un aumento de tus pagos mensuales mínimos.
- No es una modificación o alteración hipotecaria u otro cambio en tu actual hipoteca.

¿Quién puede beneficiarse de esta estrategia?

Cualquiera que tenga deudas y gane más dinero del que gasta.

Hemos descubierto que quienes más se benefician de esta estrategia son aquellos que están cansados de pagar los intereses de su deuda y buscan una mejor manera. Es gente a la que le encantaría ver cómo es no estar endeudado y crear riqueza para toda la vida.

Estaríamos de acuerdo en que la afirmación «Pague su casa en tan solo cinco a siete años» suena audaz, pero no solo es posible; en realidad, miles de propietarios de viviendas en todo Estados Unidos han venido implementando exitosamente los métodos financieros de UFF desde 2004.

«¿Qué?», podrías pensar. Eso es mucho para asimilar. Me complace informar que la reducción de deuda es solo el primer beneficio. Con The Money Max Account Pro Debt to Wealth System (Sistema Deuda a Riqueza de The Money Max Account Pro), ¡puedes generar riqueza y eliminar deuda simultáneamente!

Anteriormente, pregunté: «Si lo que creías que era cierto resultaba no serlo, ¿cuándo te gustaría saberlo? ¿Hoy? ¿Mañana? ¿Dentro de cinco años? ¿Nunca?».

¿Qué tal ahora?

Puedes tener ese reloj de oro.

United Financial Wealth: generando riqueza a partir de deuda

¿Qué tal si ya viste los videos de MMA y te reuniste con tu agente de UFF? Analizó tu estrategia de pago de deuda y empezaste a entender cómo tu mundo cambiará una vez que uses tu dinero de la misma forma en que lo hacen los bancos. Ya entiendes que utilizar el *software* de eliminación de deudas de MMA te liberará de tus deudas más rápido.

El siguiente paso es **The Money Max Account Pro Debt to Wealth System.**

Al mostrarle esta estrategia a las familias, frecuentemente escucho: «Esto suena demasiado bueno para ser verdad». Nuevamente, respondo: «Eso es porque por el poco aprendizaje que hemos recibido a lo largo de los años sobre el dinero es muy malo para creerlo». Todo favorece a los bancos y a los planificadores financieros.

Mi esposa es doctora. Bromea diciendo que completó el grado veintitrés. Ha estudiado mucho. Aun así, de los desafiantes cursos en pos de su doctorado en Medicina, solo consigue recordar una materia acerca de finanzas personales y bienestar financiero.

Cualquiera sea nuestra ocupación o formación (ingeniero, mecánico, médico o profesor), aprendemos a evaluar una situación y a tomar decisiones en función de hechos y lógica. Sin embargo, en lo referente al dinero, nuestra estrategia, a menudo, se basa en la emoción y en la presión de ventas.

¿Qué palabra de once letras no es emocional ni cambia con el tiempo? Matemáticas. «Matemáticas» es la palabra de once letras a la que todos deberíamos prestar atención.

El sistema Deuda a creación de riqueza de MMA Pro te guiará y ayudará a tomar decisiones basadas en hechos, lógica y matemáticas para saldar la deuda y, simultáneamente, encaminarte en la creación de un fondo de jubilación predecible y con ventajas fiscales. Piensa en ello como tu pensión privada.

¿Cómo hacerlo? Añadiendo una póliza de seguro de vida permanente de alto valor en efectivo (un instrumento financiero probado) a lo que ya estás haciendo con el MMA. Con el MMA de UFF, te concentras en usar la «tercera cuenta» —corriente, ahorros, tarjetas de crédito o una línea de crédito sobre el valor líquido de la vivienda (HELOC, por sus siglas en inglés)— como el modo inteligente de utilizar el dinero más eficientemente y saldar tu deuda en un tercio a la mitad del tiempo. Eliminarás tu hipoteca a treinta años y todas tus deudas sin sacrificar tu estilo de vida.

Con el MMA Pro de UFW, ¿qué tal si esa «tercera cuenta» pudiese usar tu dinero incluso más eficientemente y construyese una cuenta de jubilación mientras saldas tu deuda? Eso es precisamente lo que MMA Pro hará por ti al utilizar una póliza de seguro de vida permanente de alto valor en efectivo. Verás, una póliza de seguro de vida permanente de alto valor en efectivo correctamente diseñada puede utilizarse como vehículo de ahorro o inversión a través de ciertos tipos de pólizas, como el seguro de vida entera o el seguro de vida universal indexado (IUL, por sus siglas en inglés), y también provee un beneficio por fallecimiento a los beneficiarios en caso de que el asegurado fallezca. Estas pólizas acumulan valor en efectivo a lo largo del tiempo, el cual puede tomarse prestado con garantía, usarse para pagar primas o cobrarse. Nunca se deprecia a excepción de cuando haces retiros.

Aquí puedes ver el video de The Money Max Account Pro Debt to Wealth System si estás leyendo en formato electrónico, o visitar la dirección: https://vimeo.com/815141783/2ebb45803a

Cómo funciona el seguro de vida permanente de alto valor en efectivo

Opera como el banco

Digamos que tienes una cuenta de ahorro en tu banco local, People's United Savings, y el banco te paga un 2 % de interés sobre el saldo. No suma mucho, pero te alivia saber que el dinero está seguro y obteniendo algún rendimiento.

Imagina que tienes $ 100 000 en tu cuenta de ahorros. Quieres comprar un nuevo bote para la pesca de róbalo y lubina, por lo que retiras $ 35 000, dejando un saldo de $ 65 000. Tus amigos del banco ahora te pagarán ese gran interés del 2 % sobre el saldo de la cuenta. Pero ¿y si tuvieras una forma de prestarte a ti mismo y continuar devengando intereses como si nunca hubieses sacado dinero de esa cuenta? ¿Y qué tal si la típica tasa de interés de esa cuenta promediase entre el 6 y el 7 %? «Imposible», dirías.

Bueno, esa es la manera en cómo los adinerados y aquellos que entienden las estrategias de *Bank on Yourself* han estado acumulando patrimonio por años y años. Incluso si retiras dinero de esa cuenta especializada para comprar algo o pagar una deuda, el capital continúa creciendo como si jamás hubieses hecho retiro alguno. Estás «cobrando doble». Estás haciendo lo que se conoce como apalancamiento.

Tradicionalmente, el apalancamiento financiero es una estrategia de inversión que consiste en usar dinero prestado con el fin de cosechar un rendimiento mayor que el costo del préstamo. Por ejemplo, los inversionistas inmobiliarios suelen estar muy apalancados en el sentido financiero tradicional. Pueden comprar muchas propiedades de inversión, generar capital inmobiliario y utilizarlo para comprar más inmuebles. Sabemos que este tipo de inversión inmobiliaria puede tener riesgos, tal como lo que ocurrió en la crisis hipotecaria de 2007-2008. Después de un crecimiento casi irreal de esas propiedades, todo se derrumbó, con muchas propiedades perdiendo entre el 30 y el 40 % de su valor en muy poco tiempo.

Al utilizar una póliza de seguro de vida para apalancar, estás tomando prestado de tu propia póliza. Esto es, de ti mismo, no del banco. El préstamo de tu póliza de seguro está avalado por el beneficio por fallecimiento: si para el momento de fallecer, el préstamo aún no se hubiese reembolsado, el monto del préstamo más los intereses acumulados se deducen del pago del beneficio por fallecimiento. Puedes escoger reembolsar el préstamo o no. En una póliza de seguro de vida permanente correctamente diseñada, la tasa de interés que te pagan es mayor a la tasa de interés interna que te cobran sobre los préstamos. Esto crea lo que se llama arbitraje positivo: el diferencial entre los dos. Por ejemplo, con una tasa de préstamo interna del 5 % y la póliza promediando el 6 %, el arbitraje positivo es del 1 %. Con el tiempo, esto influye mucho.

En vez del apalancamiento inmobiliario, con el riesgo de estar «patas arriba» en la inversión (debiendo más por la propiedad de lo que ella vale), UFW aboga por el uso de un apalancamiento financiero en tu plan de jubilación que no aumenta —y en la mayoría de los casos disminuye— el riesgo en tu cartera. Es una poderosa forma de hacer que tu dinero trabaje para ti de dos formas.

Permíteme explicarte. (Consulta el Apéndice 1 para una explicación completa del IUL).

Existen tres valores en una póliza de seguro de vida permanente correctamente diseñada:

1. Valor en efectivo o valor de rescate: En una póliza de seguro de vida universal indexado, el crecimiento del valor en efectivo está vinculado al desempeño de un índice bursátil específico, tal como el S&P 500, PIMCO, Blackrock u otros. En realidad, nunca está en los mercados. Esto es lo que se llama indexación. La estrategia de indexación determina cómo se acredita el valor en efectivo a la cuenta basado en el movimiento, hacia arriba o hacia abajo, del índice elegido. Si esos índices tienen un año positivo, el valor en efectivo en tu cuenta aumentará. Pero en una póliza IUL, si los índices vinculados a esa cuenta tienen un rendimiento negativo, tu cuenta no disminuye. El valor en efectivo, también conocido como valor de rescate, de la póliza IUL solo puede disminuir si retiras fondos, ya sea como préstamo o para usar el valor en efectivo para pagar las primas del IUL. Tu cuenta nunca podrá perder valor a consecuencia de un mal año en los mercados.

2. Valor acumulado: El valor acumulado de una póliza de seguro de vida se refiere a la cantidad de dinero que se acumuló o aumentó dentro de la póliza con el tiempo. Representa el valor total de la póliza, incluidas las primas pagadas por el titular de la póliza, cualquier interés o ganancia de inversión, así como la deducción de cualquier tarifa o cargo. En una póliza de seguro de vida permanente correctamente diseñada, el valor acumulado solo puede aumentar o permanecer igual. Presta suma atención a la siguiente oración, ya que es uno de los conceptos más importantes que debes entender: incluso retirando del valor en efectivo de la póliza, el valor acumulado continúa aumentando con los dividendos o los intereses que esta devenga.

3. Beneficio por fallecimiento: El beneficio por fallecimiento en una póliza de seguro IUL se refiere a la cantidad de dinero que se paga a los beneficiarios tras la muerte del asegurado. Es un propósito esencial del seguro de vida y brinda protección financiera a los seres queridos del asegurado en caso de fallecer.

Es fundamental entender por qué la estrategia de creación de riqueza de MMA Pro funciona con una póliza de seguro de vida permanente como tercera cuenta. Aun si retiras del valor en efectivo de tu póliza (por ejemplo, para pago de deuda), el valor acumulado de tu póliza continúa creciendo. Su valor no disminuye. ¿Recuerdas la cuenta de ahorros de la que retiraste para pagar el bote? Esa cuenta continuó pagando intereses, pero solo sobre $ 65 000, no sobre los $ 100 000 completos. Cuando tomas prestado de tu póliza IUL para pagar una deuda o comprar algo, el valor acumulado de la póliza continúa creciendo como si no hubieses hecho ningún retiro.

Una vez que entiendas cómo funciona esta parte vital de un seguro de vida correctamente diseñado, comenzarás a ver por qué podemos utilizar esta estrategia para saldar lo adeudado y generar ingresos futuros con ventajas fiscales para la jubilación. Crearás riqueza y al mismo tiempo saldarás tu deuda.

¿Cuál es la tasa de rendimiento promedio en un IUL?

Un IUL tiene garantizado un porcentaje mínimo de rentabilidad, con posibilidad de un rendimiento de entre el 8 y el 12 %. Esto puede hacer que el IUL sea más atractivo como inversión que el seguro de vida entera, cuya tasa de rendimiento es más baja.

The Money Max Account Pro Debt to Wealth System (Sistema Deuda a Riqueza de The Money Max Account Pro) ha estudiado cientos de las mejores pólizas de seguro de vida permanente disponibles. Las hemos probado para varios factores importantes que son críticos para el máximo desempeño del sistema deuda a riqueza de MMA Pro:

1. Solidez de la empresa y desempeño histórico.
2. Reconocimiento indirecto: esto es, el valor acumulado de la póliza crece sin importar si existen préstamos.
3. Valor de rescate reducido en el primer año: lo que llamamos liquidez anticipada.
4. Flexibilidad para préstamos: pueden realizarse retiros en el primer año si fuere necesario.
5. Maximización del crecimiento tras saldar la deuda con el objeto de crear un fondo de pensión privado para la jubilación.
6. Crecimiento con impuestos diferidos y retiros con ventajas fiscales (en forma de préstamos).

Después de poner a prueba numerosas empresas y sus políticas, una destacó por encima del resto y cumplió con todos los requisitos para maximizar la eliminación de deuda y generar riqueza.

En más de 173 años, esta compañía ha asegurado a todos, desde celebridades hasta trabajadores, incluyendo pasajeros del Titanic y el Hindenburg, así como también a las víctimas de la gran epidemia de gripe de 1918-1919. La Legislatura de Vermont certificó a esta empresa el 13 de noviembre de 1848. He aquí como las tres compañías calificadoras la evalúan:

A.M. BEST		STANDARD & POOR'S		MOODY'S	
A++	(Superior)	AAA (Extremely Strong)		Aaa	(Exceptional)
		AA+	(Very Strong)	Aa1	(Excellent)
A+**	**(Superior)**	AA	(Very Strong)	Aa2	(Excellent)
		AA-	(Very Strong)	Aa3	(Excellent)
A	(Excellent)	**A+****	**(Strong)**	**A1****	**(Good)**
		A	(Strong)	A2	(Good)
A-	(Excellent)	A-	(Strong)	A3	(Good)

El Apéndice 1 contiene una descripción detallada del uso del IUL en esta estrategia.

Ensamblando todo

Ahora que entiendes los beneficios de utilizar un seguro de vida permanente como estrategia financiera, veamos cómo The Money Max Account Pro Debt to Wealth System (Sistema Deuda a Riqueza de The Money Max Account Pro) elimina la deuda de manera aún más eficientemente que simplemente tener el Money Max Account (MMA) de UFF.

Tal como se mencionó, el sistema MMA actuará como un GPS financiero para encontrar la forma más rápida y eficiente de eliminar tu deuda. John Lennon una vez escribió: «La vida es aquello que ocurre mientras estás ocupado haciendo otros planes».

A medida que aumentas tus ingresos, tienes gastos imprevistos o cualquiera de los otros cambios que la vida te depara, el programa se adapta y encuentra la vía más eficiente hacia la libertad financiera. Al añadir The Money Max Account Pro Debt to Wealth System de UFW a tu plan MMA de UFF, llevas tu estrategia de deuda y riqueza a otro nivel. Lo mejor de todo: **no hay cargo adicional por actualizarte a este potente sistema.**

Mientras tú y el programa se concentran en eliminar tu deuda de manera más eficiente, simultáneamente, estás creando un plan de jubilación con ventajas fiscales.

Mira este video ahora para entender lo sencillo de esta herramienta: - Video de The Money Max Account Pro Debt to Wealth System. (Si está leyendo la versión impresa de este libro, puedes buscar el video «Pago de intereses» en la página de YouTube de United Financial Freedom).

MMA Pro construirá tu riqueza en segundo plano mientras continúas eliminando tu deuda mediante las estrategias del sistema Deuda a Riqueza de MMA Pro. Es tan sencillo que dirás: «¿Por qué no se me ocurrió esto?».

SECCIÓN 4
ESTUDIOS DE CASO

Estudio de caso I: John y Rebecca Jones

Bob y Catherine Palmer son una familia típica. Se enteraron de The Money Max Account Pro Debt to Wealth System (Sistema Deuda a Riqueza Pro de The Money Max Account) a través de sus amigos, John Jones y su esposa Rebecca, quienes comenzaron a usarlo hace un par de años. Sintieron curiosidad cuando sus amigos les contaron que, después de solo dos años de usar el sistema, habían saldado varios de sus préstamos y hecho algunas mellas importantes en otros. Estaban en vías de liberarse de sus deudas en cinco años más.

Los Palmer y los Jones organizan una barbacoa mensual en el patio trasero durante la primavera y el verano. Mientras comían filetes y mazorcas de maíz, John compartió con Bob y Catherine que no solo estaban en vías de saldar sus deudas en 9,1 años, sino que, al jubilarse, ¡tendrían un fondo de pensiones privado de aproximadamente $ 126 000 anuales, o alrededor de $ 10 000 mensual durante veinticinco años! ¡Y todo ello con ventajas fiscales! Sin ahorros adicionales ni escatimar en gastos; su estilo de vida se mantendría. A medida que eliminaban su deuda, simultáneamente comenzaban a generar riqueza.

Para los Palmer, este paraíso financiero era muy probablemente una falsa esperanza disfrazada de realidad. Bob y Catherine siempre fueron algo escépticos: eran de Missouri, el estado de «demuéstramelo», y seguían el código «Si algo parece demasiado bueno para ser verdad, probablemente no lo sea». Tal vez la cerveza, los filetes y las embriagadoras estrellas nocturnas habían inclinado a John a ir de la euforia a la más absoluta exageración.

Rebecca, la conservadora y cuidadosa contraparte del entusiasta John, sugirió reunirse nuevamente el fin de semana siguiente para tomar té helado, no cerveza, y seguir la discusión.

Té helado y pastelillos

Sentada en la oficina de su casa, Catherine reflexionó durante los días siguientes acerca de la conversación que habían sostenido. Ella se ocupaba de las finanzas familiares y pagaba la hipoteca y los préstamos estudiantiles que tanto ella como Bob habían acumulado para poder pagar su excelente universidad. Llevaba cuenta de cuánto dinero podían gastar en las próximas vacaciones en la playa sin arriesgarse. Quería asegurarse de que sus dos hijos crecieran con los mismos recuerdos familiares divertidos que ella cuando niña. Sin importar cómo ni qué tan cuidadosamente gastasen, su deuda parecía que nunca se saldaría. Sabía que su actual casa, por más fabulosa que fuera, les quedaría pequeña si tuviesen otro hijo, y que el ciclo de endeudamiento continuaría.

Las afirmaciones financieras de John parecían imposibles. Ella había tomado algunos cursos de contabilidad en la universidad y las matemáticas eran matemáticas. John y Rebecca no solo saldarían sus deudas veinte años *antes* que ella y Bob, sino que John dijo que tendrían ingresos con ventajas fiscales, en el rango de seis cifras, durante treinta años. Debía haber sido la cerveza la que habló.

Los niños, la práctica de fútbol, las tareas y los quehaceres hicieron que la semana pasase volando, despertándose algo más que curiosa el sábado por la mañana. Llevó panecillos de canela frescos. Estaba entusiasmada por ver este milagro de las matemáticas… y por encontrar los huecos.

Son puras matemáticas

Después de los habituales cumplidos, todos se sentaron en la sala de los Jones frente a una gran pantalla que John había dispuesto para que pudiesen ver su computadora con facilidad.

Rebecca mostró su MMA en la pantalla, con el cuadro de mando (*dashboard*) mostrando sus cuentas, presupuesto, cantidad de años para saldar la deuda y la fecha en la que quedaría saldada.

Todos sus gastos de manutención estaban en la pantalla y Rebecca les comentó que cuando ocurría un evento inevitable, como el gasto de un techo nuevo o esas vacaciones soñadas, el MMA (un GPS financiero) consideraba todo, ajustando los números, y encontraba la ruta más rápida a cero. También les dijo que ella era bastante buena con los números, pero esto ponía todo en esteroides: suprimía la preocupación por gastos inesperados y los mantenía encaminados. Era como tener un equipo de contadores públicos trabajando para ellos.

Cada cuenta y cada transferencia estaban dirigidas por el MMA. Todo lo que Rebecca tuvo que hacer fue iniciar sesión en su MMA y seguir las indicaciones. Su próximo pago en dirección a eliminar su deuda y pagar el capital era exactamente el 7 de mayo de 2024 por $ 8099. No tuvo que calcular ni adivinar. Los algoritmos hicieron los cálculos por ella.

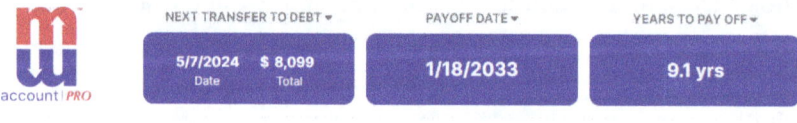

March 2024 Actions			Select Month
3/5/2024	Rebecca	Checking	$1,750.00
3/9/2024	Checking	Internet	$70.00
3/9/2024	Checking	Water	$75.00
3/10/2024	Checking	Power	$90.00
3/12/2024	John	Checking	$2,100.00
3/12/2024	Checking	1st Mortgage	$1,722.38
3/12/2024	Checking	Savings	$1,043.35
3/13/2024	Checking	Gas	$67.00
3/14/2024	Checking	Gas / Fuel	$400.00
3/19/2024	Rebecca	Checking	$1,750.00
3/25/2024	Checking	Food	$850.00
3/26/2024	John	Checking	$2,100.00
3/31/2024	Checking	Everything Else	$3,382.27

El informe de ahorro personalizado

Pagarían $ 368 800 en deuda en 9,1 años y, en vez de pagar la exorbitante ganancia al banco (intereses), ahorrarían $ 124 419.

El gráfico mostraba una tabla de amortización de los préstamos (deuda) y, al final del año ocho, ya no estarían pagando toda esa ganancia al banco, sino que podrían empezar a ahorrar esos intereses para generar riqueza. ¡Libre de deudas en 9,1 años!

Rebecca supo acerca de MMA y UFF gracias a una amiga. Al igual que Catherine y Bob, Rebecca también había pensado al principio que esto no era más que una quimera, pero el uso del sistema durante los últimos años había borrado cualquier duda. Explicó que habían estado utilizando el MMA por dos años después de que su agente se reunió con ellos y les compartió la última actualización gratuita de la gente de UFF, el Money Max Account Pro (MMA Pro).

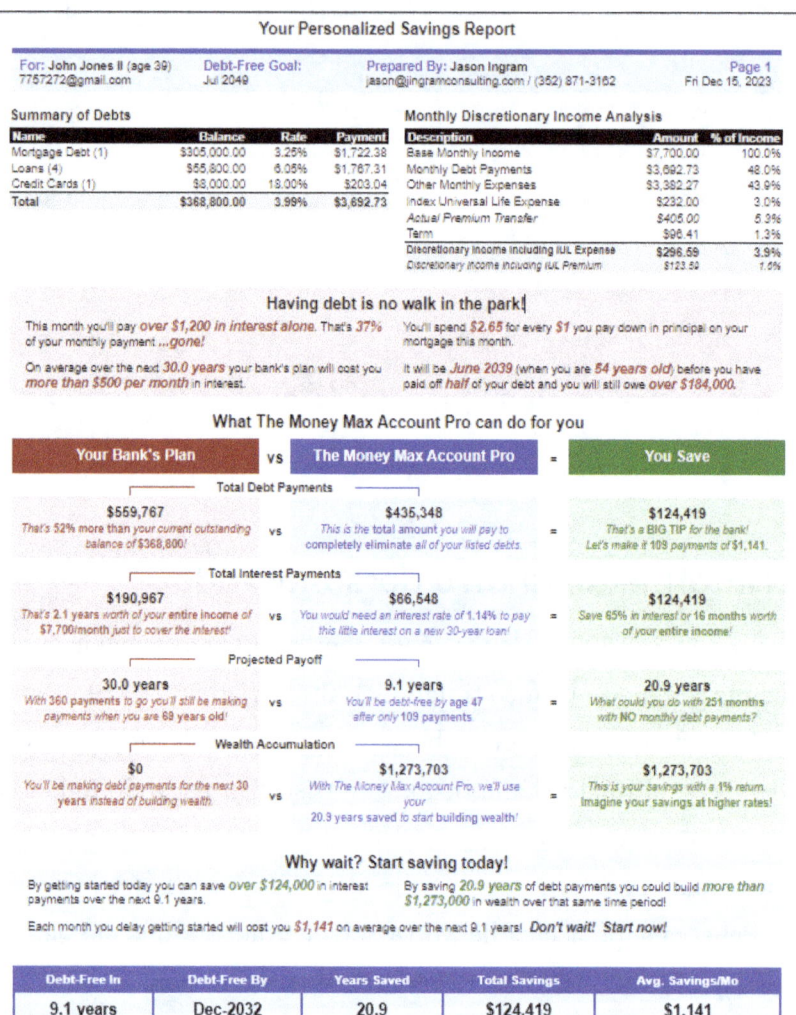

Luego les demostró lo que ocurrió al actualizar su MMA a The Money Max Account Pro Debt to Wealth System (Sistema Deuda a Riqueza de The Money Max Account Pro).

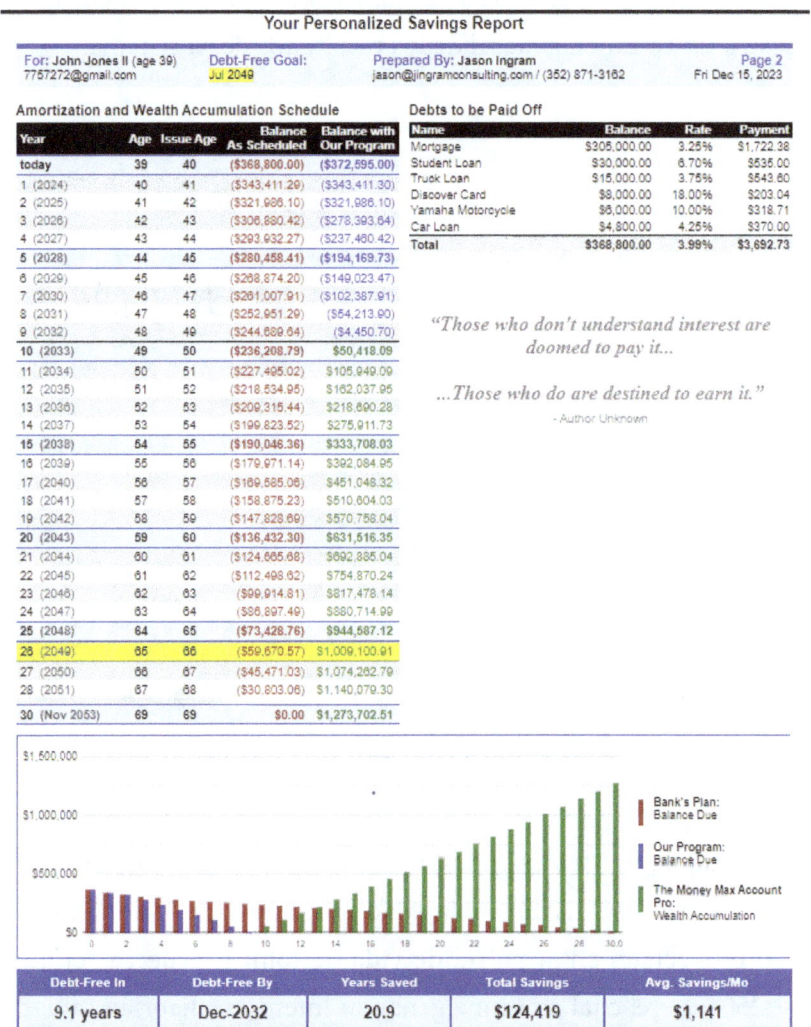

Con esta actualización gratuita al MMA Pro, los Jones estaban no solo en vías de saldar su deuda en 9,1 años, sino también de ahorrar $ 124 419 en intereses que habrían ido a parar a los bancos, pero que ahora percibirían un ingreso predecible en su jubilación de entorno a los $ 118 728 anuales durante treinta años. Les mostró un resumen general de los resultados de su sistema.

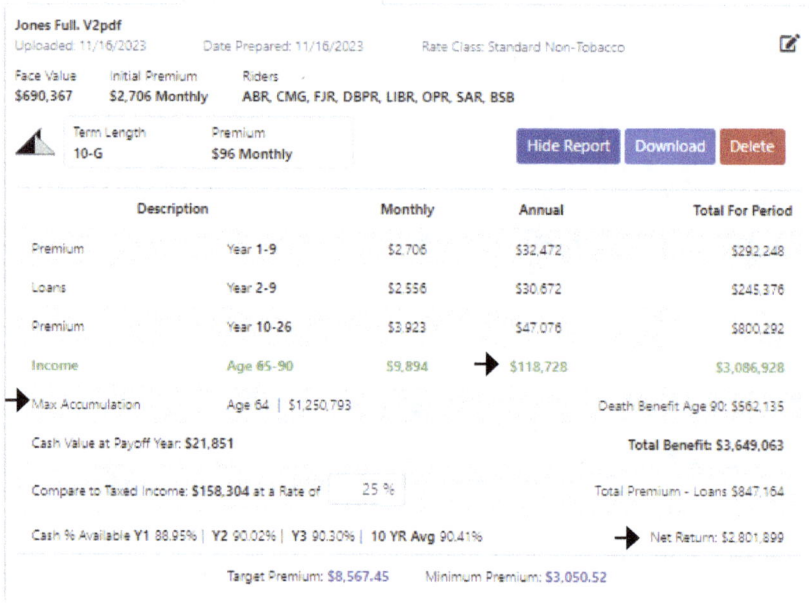

Esta tabla mostró que, después de usar el sistema de creación de riqueza de MMA Pro, a la edad de 65 años, el valor acumulado proyectado en la póliza de vida de John y Rebecca sería de $ 1 250 793 (el cual continúa ganando intereses), habrían saldado su deuda de $ 368 000 y tendrían un ingreso proyectado de $ 9898 mensuales ($ 118 728/año) hasta los 90 años. Y si John viviese hasta los 90 años, al fallecer (edad proyectada de 90 años), dejaría $ 562 135 (proyectados) a sus beneficiarios.

En una encuesta de Safehome.org de 2022 sobre los diez principales miedos de Estados Unidos, «enfermedad grave de los seres queridos, facturas médicas elevadas, padecer una enfermedad terminal y no tener suficiente dinero para la jubilación» encabezaron la lista.

Con el sistema de creación de riqueza de MMA Pro, los beneficios en vida están incluidos en la póliza IUL. Los beneficios adicionales de la póliza incluyen protección contra enfermedades terminales, enfermedades crónicas, lesiones críticas, enfermedades críticas y la enfermedad de Alzheimer.

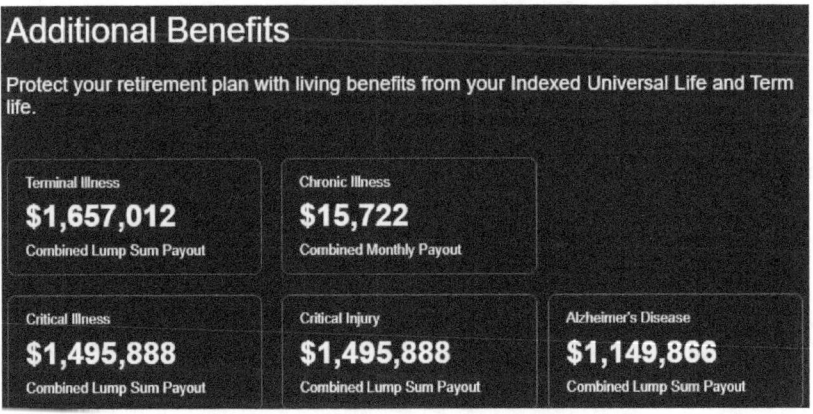

El entusiasmo de Rebecca era contagioso. No era un engaño; era sencillamente tener un socio (el sistema de creación de riqueza de MMA Pro) que los ayudase a mantenerse enrumbados, eliminar su deuda más eficientemente, generar riqueza simultáneamente y que proveyese cuidados ampliados si llegasen a necesitarlos.

Catherine pensó: «¿Cómo funcionará esto para nosotros?». ¿Qué tal si no solo pudiesen liberarse del yugo de la deuda, sino también relajarse sabiendo que tendrían altos ingresos al jubilarse? No necesitaban un reloj de oro. Tenían algo muchísimo mejor.

Después de una animada discusión seguida de té helado y pastelillos, Rebecca prometió presentar a los Palmer a su agente de la UFF el lunes.

Estudio de caso II: Dra. Paula Roberts

Paula Roberts es una doctora de cuarenta años, casada con Jan. Su deuda combinada incluye una hipoteca, préstamos para la escuela de Medicina, un auto y algunas pequeñas deudas en las tarjetas de crédito, para un montante de $ 680 000. Paula y su pareja tienen un ingreso combinado de $ 20 300 y unos gastos de manutención de $ 12 000 mensuales. Sus ingresos discrecionales rondan los $ 2300 mensuales.

Type	Name	Balance	Rate	Remaining	Payment
	M&T - Primary	$320,000	3.541 %	30.0-years	$1,669
	Sallie Mae	$315,000	5.250 %	10.0-years	$3,380
	Toyota 4 Runner	$35,000	4.000 %	5.0-years	$645
	BofA Visa	$10,000	18.000 %	n/a	$250
	All Debts	$680,000	4.569 %	30.0-years	$5,944

Name	Amount	Frequency	*Base Monthly
Monthly Expenses	$12,000	Monthly	$12,000
Income			$20,230
Expenses		-	$12,000
Debt Payments		-	$5,944
Discretionary Income		=	$2,286

Sí, estaban conscientes de que debían saldar deudas con algún que otro pago extra, pero parecía que la vida siempre se interponía y sus esfuerzos eran esporádicos. Creían que conseguirían saldar parte de la deuda si ambos recibían bonificaciones. Sus préstamos estudiantiles eran particularmente desalentadores. Daba la impresión de que iban a morir debido a Sallie Mae.

Y parecía que, a final de mes, siempre se quedaban cortos para destinar algo a la reducción de su deuda. Recientemente, había leído un artículo que identificaba su problema: la Ley de Parkinson, los gastos siempre aumentan para igualar los ingresos. Las intenciones de la pareja eran buenas, pero la vida se atravesaba.

Si tan solo tuviesen un socio para ayudarlos a mantenerse enfocados. Por fortuna, lo tienen. Un análisis de su situación utilizando The Money Max Account Pro Debt to Wealth System (Sistema Deuda a Riqueza de The Money Max Account Pro) muestra que estarán libres de deudas en 7,1 años con un ahorro total de intereses de $ 203 411.

Your Personalized Savings Report

For: Dr. Paula Roberts (age 35)	Debt-Free Goal:	Prepared By: Jason Ingram	Page 1
paula@gmai.com	Mar 2033	jason@jingramconsulting.com / (352) 871-3162	Sun May 28, 2023

Summary of Debts

Name	Balance	Rate	Payment
Mortgage Debt (1)	$320,000.00	3.54%	$1,669.28
Loans (2)	$350,000.00	5.13%	$4,024.27
Credit Cards (1)	$10,000.00	18.00%	$250.00
Total	$680,000.00	4.57%	$5,943.55

Discretionary Income Analysis

Description	Amount	% of Income
Base Monthly Income	$20,230.00	100.0%
Monthly Debt Payments	$5,943.55	29.4%
Other Monthly Expenses	$12,000.00	59.3%
Term	$217.40	1.1%
Monthly Discretionary Income	$2,286.45	11.3%

Having debt is no walk in the park!

This month you'll pay **over $2,500 in interest alone**. That's **45%** of your monthly payment ...*gone!*

On average over the next **30.0 years** your bank's plan will cost you **more than $850 per month** in interest.

You'll spend **$2.89** for every **$1** you pay down in principal on your mortgage this month.

It will be **June 2031** (when you are **43 years old**) before you have paid off **half** of your debt and you will still owe **over $337,000**.

What The Money Max Account Pro can do for you

Your Bank's Plan	VS	The Money Max Account Pro	=	You Save
Total Debt Payments				
$986,818 — That's 45% more than your current outstanding balance of $680,000!	VS	$783,407 — This is the total amount you will pay to completely eliminate all of your listed debts.	=	$203,411 — That's a BIG TIP for the bank! Let's make it 85 payments of $2,393.
Total Interest Payments				
$306,818 — That's 15 months worth of your entire income just to cover the interest!	VS	$103,407 — You would need an interest rate of 0.96% to pay this little interest on a new 30-year loan!	=	$203,411 — Save 66% in interest or 10 months worth of your entire income!
Projected Payoff				
30.0 years — With 360 payments to go you'll still be making payments when you are 65 years old!	VS	7.1 years — You'll be debt-free by age 42 after only 85 payments.	=	22.9 years — What could you do with 275 months with NO monthly debt payments?
Wealth Accumulation				
$0 — You'll be making debt payments for the next 30 years instead of building wealth.	VS	$2,839,213 — With The Money Max Account Pro, we'll use your 22.9 years saved to start building wealth!	=	$2,839,213 — This is your savings with a 1% return. Imagine your savings at higher rates!

Why wait? Start saving today!

By getting started today you can save **over $203,000** in interest payments over the next 7.1 years.

By saving **22.9 years** of debt payments you could build **more than $2,839,000** in wealth over that same time period!

Each month you delay getting started will cost you **$2,393** on average over the next 7.1 years! **Don't wait! Start now!**

Debt-Free In	Debt-Free By	Years Saved	Total Savings	Avg. Savings/Mo
7.1 years	May-2030	22.9	$203,411	$2,393

Full (with Debt Transfers) Illustration

Round 9

Uploaded: 5/28/2023   Date Prepared: 5/28/2023   Rate Class: Standard Non-Tobacco

Face Value **Initial Premium** **Riders**
$1,387,942 $4,958 Monthly   ABR, ICSR, LIBR, OPR, SAR, BSB

[Hide Report] [Download] [Delete] [Replace]

Description		Monthly	Annual	Total For Period
Premium	Year 1-9	$4,958	$59,496	$535,464
Loans	Year 2-9	$4,271	$51,252	$410,016
Premium	Year 10-24	$8,005	$96,060	$1,440,900
Income	**Age 60-86**	**$16,458**	**$197,490**	**$5,332,230**
Max Accumulation	Age 59	$2,234,609		Death Benefit Age 86: $878,682

Cash Value at Payoff Year: $83,248   Total Benefit: $6,210,912

Compare to Taxed Income:
$263,320 at a Rate of [25 %]   Total Premium - Loans $1,566,348

Cash % Available **Y1** 87.26% | **Y2** 88.65% | **Y3** 89.35% | **10 YR Avg** 90.29%
Net Return: $4,644,564

Target Premium: $12,699.67/yr | $1,058.31/mo   Minimum Premium: $9,056.88/yr | $754.74/mo

Con las ocupadas vidas laborales de Paula y Jan, y con sus dos hijos, no había tiempo para «hacerlo ellos mismos», incluso siendo disciplinados. Encontraron el socio perfecto que estaban buscando, un GPS financiero: el sistema de creación de riqueza de MMA Pro.

Su **Informe de ahorros personalizado**, preparado por un agente autorizado de UFW, fue realmente asombroso. (Habla con el agente que te entregó este libro y te realizará un análisis gratuito). Anualmente, los médicos se enfrentan al desgaste con mayor y mayor frecuencia. Paula quería jubilarse lo antes posible. Después de los sacrificios de la escuela de Medicina, había muchas cosas que se había perdido.

Build Wealth After Eliminating Debt
Phase 2

	Monthly Until Age 60	Accumulated Value at Age 59
Proposed Wealth Building Account Plan:	$8,005	$3,298,787

	Monthly	Annually
Receive tax-advantaged income beginning at age 60 until age 86.	$16,458	$197,490

Tax-advantaged Net Death Benefit	Tax-advantaged Net Death Benefit	Income + Net Death Benefit
$3,941,075	**$878,682**	**$6,210,912**
At Age 59	At Age 86	Total Tax-advantaged at Age 86

Al utilizar el sistema de creación de riqueza de MMA Pro, Paula notó que, a los cincuenta y nueve años, el valor acumulado proyectado de su póliza sería de $ 3 298 787 después de saldar $ 680 000 en deuda. Se proyectó que su fondo de pensión sería de $ 197 490 anuales en ingresos con ventajas fiscales durante veinticinco años, lo que dejaría a su familia un beneficio por fallecimiento en torno a los $ 878 682, siendo su esperanza de vida de ochenta y cinco años. Los ingresos totales y el beneficio neto por fallecimiento rondarían los $ 6 210 912. Además, sus beneficios en vida se veían así:

Según el National Institute on Aging, el cuidado prolongado es un término amplio que describe diversos servicios y apoyo para quienes ya no pueden cuidar de sí mismos debido a discapacidades relacionadas con la edad.

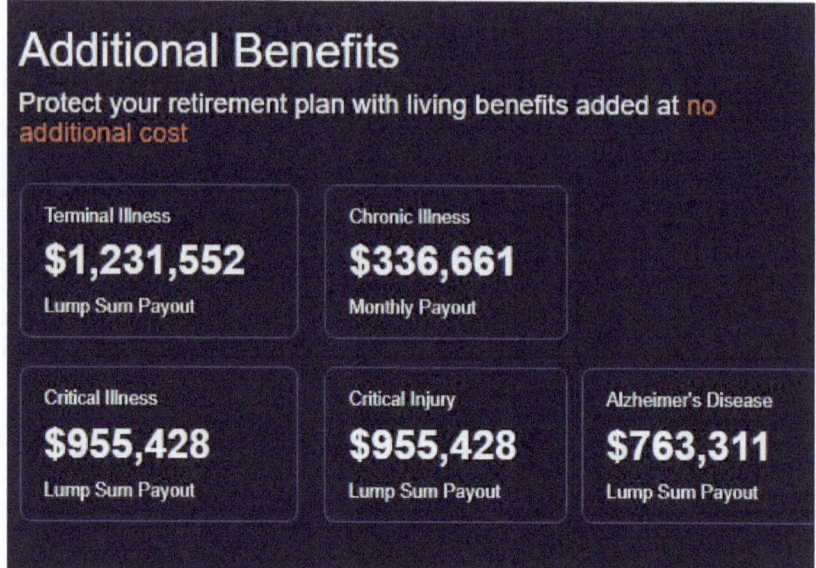

Como médica, Paula había visto más historias de terror sobre cuidados prolongados de las que podía recordar. Las familias cambiaban drásticamente sus futuros financieros, todo porque un ser querido necesitaba cuidado prolongado. Esperó no tener que necesitar estos servicios y algún día acostarse y no despertar al día siguiente. Pero la realidad es diferente.

Los **beneficios en vida** de su póliza de seguro de vida permanente que generaba riqueza eran tranquilizadores. No quería ser una carga para sus hijos ni para nadie más. Se sentía segura de contar con el dinero en caso de necesitar de estos cuidados a medida que envejeciera. Estaba protegida contra enfermedades crónicas, lesiones críticas y la enfermedad de Alzheimer.

Estrategias avanzadas

Ahora que has visto el poder de *The Money Max Account Pro Debt to Wealth System* (Sistema Deuda a Riqueza Pro de The Money Max Account) para saldar tu deuda y ahorrarte hasta cientos de miles en ganancias que los bancos obtienen de los préstamos que te otorga, ¿estás listo para una estrategia avanzada que acelerará eliminar tu deuda y construir un segundo «fondo de pensión privado» para tu jubilación?

Los días en los que la mayoría de los estadounidenses trabajaban para la misma empresa durante sus carreras son cosa del pasado. Las empresas cambian, nos preocupamos y nos largamos. Conforme la Oficina de Estadísticas Laborales de los Estados Unidos (BLS, por sus siglas en inglés), la antigüedad del asalariado promedio será de 4,1 años para los hombres y 3,9 para las mujeres. El segmento de trabajadores comprendido entre 25 y 34 años promedió tan solo 2,8 años en un puesto antes de cambiar de empresa o empleo. Por su parte, los trabajadores entre los 55 y 64 años permanecen más del triple de tiempo en un puesto, con una permanencia media promedio de 9,9 años.

Según el servicio de búsqueda de empleo **Indeed Career Guide**, las principales razones por las que cambiamos de empleo son:

1. Flexibilidad
2. Reconocimiento
3. Mayor salario
4. Valoración
5. Mayores recursos
6. Desafío
7. Gestión eficaz
8. Satisfacción laboral
9. Equilibrio entre la vida laboral y la personal
10. Beneficios

En resumidas cuentas, los estadounidenses cambiamos de empleo más frecuentemente de lo que solíamos cambiar.

Un estudio realizado por **Plan Sponsor Council of America** mostró que el 98 % de las empresas que ofrecen el 401(k) también proveen la igualación del empleador a sus empleados. En los planes 401(k) igualados por el empleador, la contribución de los empleadores será hasta un monto específico. Puedes considerarlo como una bonificación además de tu salario.

A pesar de que la mayoría de los planes 401(k) no son accesibles, excepto para préstamos antes de los 59,5 sin una multa del IRS del 10 % por retiros, existe una excepción a esa regla que es poco utilizada, conocida como código IRS 72(t). Cuando se usa correctamente, esta norma permitirá que esos retiros te ayuden a financiar tu *sistema de creación de riqueza de MMA Pro.*

¿Cómo funciona la norma 72(t)? La sección 72(t) del Código de Rentas Internas permite el acceso sin penalización a recursos en las IRA y planes de jubilación patrocinados por el empleador bajo ciertas condiciones, tales como muerte o discapacidad del titular de la cuenta, compra de vivienda por primera vez y los pagos periódicos sustancialmente iguales.

En UFW, estamos usando una estrategia para que nuestros clientes elegibles salden su deuda más rápidamente, construyan su cuenta de capital y creen otro fondo para su jubilación aprovechando esta norma 72(t) del IRS.

Riesgo de mercado

Riesgo: La posibilidad de daño o pérdida financiera

En 2001-2002 y, nuevamente, en 2007-2008, la mayoría de los inversionistas perdieron entre el 30 y el 40 % de sus fondos 401(k). Cuando el mercado se desploma, la mayoría de los planes de jubilación calificados, como las IRA y los 401(k), colapsan. Hasta las pequeñas caídas pueden estresarte inmediatamente antes y después de jubilarte. Los mercados siempre regresan, pero ¿y si pudieses llevarles la delantera? ¿Y si *nunca* sufrieras una pérdida de capital y solo experimentases ganancia? Sería como si estuvieras en un casino y nunca pudieras perder al girar la ruleta. Solo podrías ganar en cada turno o retirar tu apuesta. Las fichas en tu mano nunca disminuirían. La pila solo crecería o permanecería igual. Eso haría que apostar fuese mucho más divertido. Esto nunca sucederá en Las Vegas, pero puede suceder en tus cuentas de jubilación. Sin pérdidas de capital, solo ganancia o cero.

Ya hemos mencionado cómo una póliza de seguro de vida permanente IUL, correctamente diseñada, tiene pocas o ninguna desventaja. El piso, o lo peor que pueda comportarse en un año determinado, es cero y, durante los últimos veinticinco años, estas pólizas han promediado mucho mejor. De hecho, la tasa de crecimiento anual compuesta (CAGR, por sus siglas en inglés) para este período ronda el 5,1 % el 95 % de las veces.

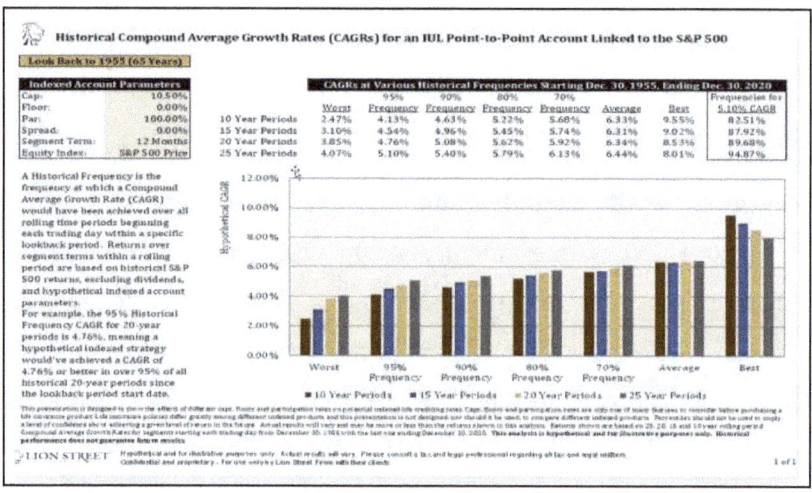

Un IUL tiene un piso del 0 %. **Tu valor acumulado nunca perderá dinero**. Las correcciones, desplomes y caídas del mercado no causan estrés porque tu capital permanece intacto. Las ganancias de todo el año anterior también permanecen aseguradas.

Esto mismo vale con otro producto del seguro de vida: la anualidad fija indexada (FIA, por sus siglas en inglés). Los IUL tienen topes del 12 al 14 %. La mayoría de los índices han

promediado entre el 5 y el 10 % en los últimos veinticinco años. Nuevamente, lo mismo aplica con una anualidad fija indexada.

Según un artículo de LIMRA de marzo de 2023, «debido a una volatilidad sin precedentes del mercado a largo plazo en 2022, los consumidores buscaron la protección ofrecida por las anualidades fijas. Las ventas de anualidades fijas indexadas (FIA) también tuvieron un récord trimestral y anual en 2023. En el cuarto trimestre, las ventas de FIA fueron de $ 22 300 millones, un incremento del 34 % respecto al récord previo establecido en el cuarto trimestre de 2021. Las ventas de FIA fueron de $79 800 millones para ese año, un 25 % por encima de 2021 y un 9 % más alto que el récord establecido en 2019».

Como parte de tu sendero por la jubilación, UFW cree que la seguridad de lo que te costó ganar con tanto esfuerzo es vital. El ingreso vitalicio protegido de una anualidad fija indexada puede ser esencial en los períodos de alta volatilidad que estamos experimentando en estos momentos, y muy probablemente continuaremos experimentando en los años venideros.

Conforme a un artículo en protectedincome.org, «Las anualidades han protegido la jubilación de millones de estadounidenses a lo largo de los siglos. Benjamín Franklin vio el poder de las anualidades al entregárselas a las ciudades de Filadelfia y Boston en su testamento. En 2007, el entonces presidente de la Reserva Federal, Ben Bernanke, reveló que sus activos financieros más importantes eran las anualidades».

HISTORY OF ANNUITIES IN THE U.S.

1930/1940
During the Great Depression, annuities saw a spike in popularity as stock market volatility threatened retirement savings and Americans were looking to protect their assets with more conservative financial products.

1950/1960
During the 1950s, variable annuities rose to prominence, essentially acting as an early version of the contemporary mutual fund. Variable annuities allowed owners to choose their account type and created interest type earnings based on speculative financial vehicles in separate accounts.

1970/1980
Congress passed two important acts in relation to annuities in the early 1980s, the 1982 Periodic Payment Settlement Act and the 1986 Tax Reform Act.

1990/2000
With the turn of the century, a wide variety of products became available. Most notable were the indexed annuity, principal guarantees, and long term care benefits.

PRESENT
Today, with fewer people covered by traditional pension plans, annuities can fill a critical gap in retirement portfolios by providing a guaranteed monthly check for as long as you live, no matter how the markets perform.

Existe una razón por la que tantas familias están haciendo de la anualidad fija indexada el fundamento de sus planes de jubilación. Entonces, ¿cómo usar las estrategias avanzadas de 72(t) para potenciar tu cuenta de capital IUL, saldar deuda más rápido y construir dos «fondos de pensión privados» para tu jubilación?

Adentrémonos en esta táctica, parte de nuestra estrategia Deuda a Riqueza de MMA Pro. Supón que estás jubilado o has cambiado de empleo como muchos otros estadounidenses; ese dinero ahorrado en el 401(k) de tu antigua empresa puede transferirse a una IRA sin pagar impuestos. Luego esa IRA puede trasladarse a una estrategia monetaria segura que parcialmente financie tu cuenta de creación de capital. Puedes trasladar tu plan 401(k) con riesgo de mercado a una táctica que utilice una anualidad fija indexada (un producto de seguro de vida) cuyo crecimiento estará protegido de las pérdidas del mercado y generará un ingreso vitalicio que los sobrevivirá a ti y a tu cónyuge.

Estudio de caso III: Robert Tuscon

Robert Tuscon es un especialista en tecnología de la información (TI), iniciando su carrera en una pequeña empresa de desarrollo después de la universidad. Sus habilidades tenían gran demanda y obtuvo un empleo prometedor cuatro semanas después de graduarse. Poco después, fue reclutado por una de las empresas tecnológicas emergentes de Silicon Valley y, al cabo de seis años con ellos, un reclutador lo contactó en nombre de Tech I. Firmó una prima y le ofrecieron excelentes beneficios, incluido el 401(k), participación accionaria y un ingreso de seis cifras. El campus de Seattle era exactamente lo que Robert había soñado desde la secundaria, cuando pasaba gran cantidad de horas trabajando y creando. A los treinta y un años, estaba viviendo el sueño.

Nada es gratis, y Tech I le pasó factura: largas jornadas, fines de semana y mucha presión para siempre llevarlo al siguiente nivel. Conoció a su pareja, Sanya, una programadora de Tech I. Juntos, tenían los ingresos para comprar un apartamento en el costoso mercado inmobiliario de Seattle. La vida era buena; el equilibrio entre la vida laboral y la personal era más desafiante.

A los treinta y seis años, Robert decidió renunciar a Tech I y trabajar en sus ideas para aplicaciones y un sistema único para hacer reservaciones a los parques nacionales utilizando algoritmos sofisticados. Reservar un camping con menos de un año de antelación se hacía cada vez más difícil. Parecía que todos acampaban esos días. Con esa aplicación, uno sabría cuándo un sitio estaría disponible antes de anunciarse públicamente y así asegurarse de conseguir la reserva.

Durante sus tres empleos, con el generoso aporte de la empresa, Robert y su pareja, Sanya, consiguieron tener cerca de un total de $ 500 000 en sus diversos planes 401(k) y una concentración excesiva en acciones de Tech I. Los mercados se habían vuelto muy volátiles e incluso Tech I, con sus soberbias ganancias durante la COVID-19, mostró ciertos signos alarmantes de volatilidad.

Sanya aceptó un empleo a distancia en la Make a Dream Foundation y Robert proveyó soporte TI privado. Tenía mucho tiempo libre para desarrollar su aplicación y equilibrar el estilo de vida que el trabajo en Tech I no permitía. Tenían algunas deudas.

Type	Name	Balance	Rate	Remaining	Payment
MORTG	BoA	$325,000	4.500 %	30.0-years	$1,897
	Subaru	$35,000	4.200 %	5.0-years	$648
	Student Loan	$50,000	6.000 %	10.1-years	$555
	Citi	$2,000	19.600 %	n/a	$53
	Amex	$23,000	23.900 %	n/a	$688
	All Debts	$435,000	5.743 %	30.0-years	$3,840

Sus gastos eran razonables. Si tan solo pudiesen saldar el servicio de la deuda. Eso les ahorraría $ 3800 mensuales. Robert sabía que estos préstamos eran cargados al inicio y que los prestamistas obtenían sus intereses (ganancia) primero a medida que gradualmente se pagaban los préstamos. Los bancos eran altamente rentables utilizando este tipo de gestión monetaria.

Name	Amount	Frequency		*Base Monthly
Monthly Expenses	$4,500	Monthly		$4,500
	Income			$9,748
	Expenses	-		$4,500
	Debt Payments	-		$3,840
	Discretionary Income	→	=	$1,408

Después de hacer algunas búsquedas en Google y hablar con un amigo de Tech I, Kyle, descubrieron por qué este siempre parecía relajado acerca de su futuro. Al igual que Robert, se había jubilado anticipadamente de Tech I y trabajaba en un proyecto personal. Le gustaba la fotografía y había viajado por el mundo tomando algunas fotos extraordinarias de los glaciares.

Después de asistir a la iglesia, Kyle y su esposa Molly les explicaron a Robert y Sanya cómo The Money Max Account Pro Debt to Wealth System (Sistema Deuda a Riqueza Pro de The Money Max Account) funcionaba en sus vidas. En su proyectada segunda jubilación, a la edad de cincuenta y cinco años, y hasta los noventa años, tendrían en torno a $ 107 000 anuales en un fondo de pensiones privado creado por MMA Pro, además de proporcionarles un beneficio por fallecimiento, en caso de que la vida se interpusiera en sus planes, y una prestación de cuidado ampliado si sufrieran lesiones graves o enfermedades crónicas. Eran jóvenes y sanos, pero todos conocían a alguien que no había sido tan afortunado y había acabado en silla de ruedas o, peor aún, incapacitado para trabajar.

Kyle les explicó que UFF había estado eliminando la deuda durante diecisiete años mediante la creación de un *software* de GPS financiero (MMA) que guiaba a una familia por la ruta más rápida hacia deuda cero, saldando todas sus deudas, incluidos esos interminables préstamos estudiantiles, en aproximadamente diez años. En su revisión anual hace un año, el agente UFF de Kyle y Molly les mostró una actualización gratuita del MMA que estaban utilizando. The Money Max Account Pro Debt to Wealth System llevaba este poderoso programa de saldo de deuda a un nuevo nivel. A medida que pagaban su deuda, con el programa guiándolos, simultáneamente comenzaban a crear riqueza.

El ingrediente secreto era una póliza de seguro de vida permanente de alto valor en efectivo. Las disposiciones especiales de esta póliza brindan acceso al valor en efectivo. Luego, para compras o inversiones, el valor acumulado continúa aumentando como si nunca se hubiesen retirado fondos. Esta característica permite a MMA Pro saldar la deuda y simultáneamente generar un fondo de jubilación saludable. Y lo mejor de todo, sin riesgo de mercado.

Kyle y Robert gimieron al recordar el 2001 y 2002, y nuevamente el 2008 y 2009, cuando sus padres se estresaron por las enormes pérdidas de sus fondos de jubilación en los mercados de valores. Ninguno de ellos quería experimentar eso. El trabajo en Tech I había sido arduo. Al visitar a una planificadora financiera poco después de dejar Tech I, ella les pidió completar un sondeo de tolerancia al riesgo. Debían identificar si su preferencia al riesgo era conservadora, moderada o alta. Después de leer el cuestionario, Robert pensó: «¿Lo que me están preguntando es cuánto estoy dispuesto a perder?». Las entrevistas terminaron cuando Robert y Sanya respondieron: «Ninguna. Nos hemos matado trabajando por este dinero. Gracias, pero no».

Tenía que haber una mejor forma.

Al igual que Robert y Sanya, Kyle y Molly tenían planes 401(k) al retirarse de Tech I y uno pequeño de un empleador anterior. El sistema de creación de riqueza de MMA Pro usó esos fondos para acelerar la eliminación de su deuda y crear su plan de riqueza aún más rápidamente.

Robert y Sanya estaban más que curiosos y fascinados. Eran buenos en matemáticas y vivían en hojas de cálculo. Sabían que podían saldar su deuda más rápido haciendo pagos adicionales a su hipoteca, pero era complicado mantenerse en curso con «cosas» de la vida interrumpiendo. Este GPS financiero y sistema de creación de riqueza sacaba el estrés y las interminables hojas de cálculo de la fórmula.

Kyle les dio la información de contacto de su agente de UFF/UFW y prometió estar disponible si tenían más preguntas. Llamaron y fijaron una fecha para reunirse vía Zoom con el fin de analizar el sistema y ver si pudiera serles adecuado.

Su agente UFF/UFW reunió parte de su información financiera y les mostró su análisis. Fue incluso mejor de lo que habían anticipado.

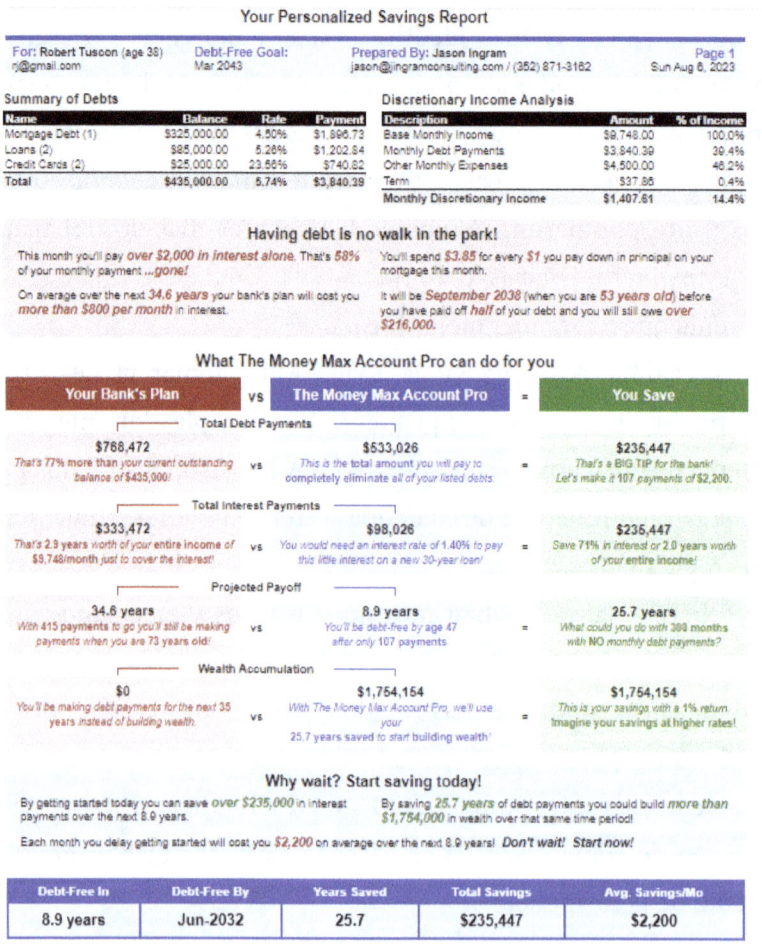

La agente UFF/UFW, Kelly, les había preguntado acerca de las antiguas cuentas 401(k) o IRA que tenían de los empleos anteriores. El 401(k) de Tech I de Robert estaba valorado en unos $ 250 000, dependiendo de lo que hiciera el mercado de valores ese mes. La empresa les había «dado» una gran cantidad de acciones y el valor había aumentado drásticamente a lo largo de los años. Lo había trasladado a una cuenta IRA al dejar Tech I.

Kelly les explicó cómo, a través de una poco utilizada disposición del IRS, la 72(t), y siempre que se siguiesen las directrices establecidas por la ley, podían retirar dinero de su IRA antes de cumplir los 59,5 sin la penalización habitual del 10 %.

¿Qué es la norma 72(t)?

Conforme a los artículos de *U.S. News & World Report*, la norma 72(t) permite a los titulares de cuentas de jubilación hacer retiros libres de penalizaciones antes de los 59,5 años siempre que las erogaciones se realicen de forma específica. «La norma 72(t) permite a los titulares de cuentas de jubilación hacer retiros regulares, definidos como pagos periódicos esencialmente iguales, según el Código de Rentas Internas, en el transcurso de cinco años o hasta que cumplan cincuenta y nueve años y medio, el que sea más largo».

La mayoría de las excepciones a la multa por retiro prematuro requieren que el dinero sea usado para un propósito determinado, pero los fondos retirados mediante la regla 72(t) no requieren un motivo específico. Normalmente, los más jóvenes solo pueden acceder a los fondos de la cuenta de jubilación para necesidades urgentes como emergencias médicas o matrícula universitaria.

Si bien hay reglas específicas que deben seguirse, la norma 72(t) ofrece mayor libertad. Los fondos pueden utilizarse para lo que fuere.

Robert preguntó: «¿Por qué y cómo nos beneficiaría esto?». Kelly le mostró las notas de una presentación que había preparado cuando tomó su información financiera.

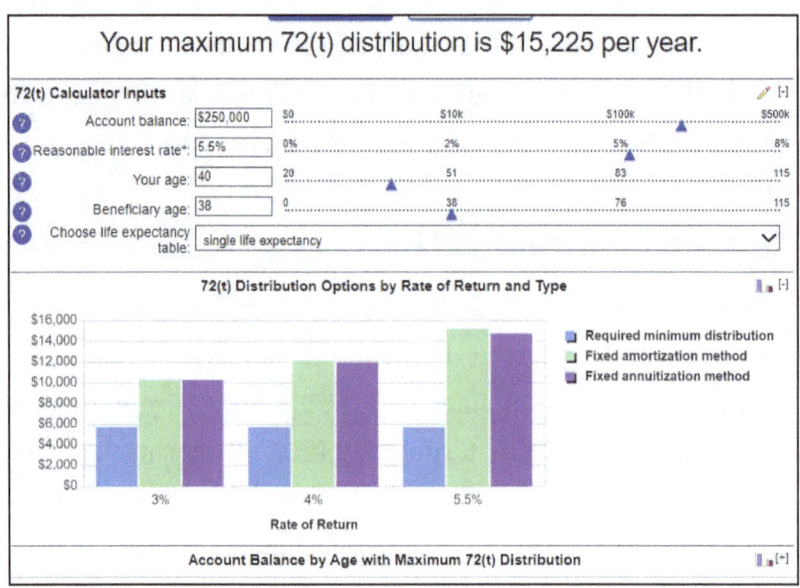

Utilizando esta disposición del IRS, Robert podría reposicionar su IRA en una anualidad fija indexada (FIA) y comenzar a hacer retiros anuales de $ 15 225 hasta cumplir los 60 años, después de lo cual «activaría» el beneficio de ingresos vitalicios provisto en la póliza. Usando una ilustración basada en los últimos veinte años de los mercados, el ingreso proyectado a los 60 años será de $ 40 026, y el índice aumenta todos los años. El pago del ingreso anticipado se incrementará. Al llegar a los 65 años, el ingreso proyectado será de $ 60 650 y a los 75 años será de $ 14 229 anual. Sobre un monto inicial de $ 250 000, los retiros acumulativos a los 60 años se proyecta que serán de $ 304 500 antes de que el beneficio de ingresos vitalicios se «active». Una vez iniciados los retiros anuales de ingresos vitalicios, la proyección de los retiros acumulativos será de $ 615 089 a los 65 años, de $ 1 050 443 a los 70 años y de $ 1 566 637 a los 75 años. ¡Todo con una inversión inicial de $ 250 000!

Luego de todos estos retiros, e incluso si el saldo de la cuenta fuese cero, la anualidad fija indexada continuará pagando el ingreso anual (con aumentos anuales según el desempeño del mercado) hasta que el jubilado fallezca. ¿Qué cuenta tienes que te pague un ingreso anual después de que el saldo sea cero?

Kelly tenía una ilustración de la FIA y de cómo eso se vería usando esta disposición.

Year Ending	End of Year Age	Lifetime Age	Partial Withdrawal	Income Withdrawals	Cumulative Withdrawals	Benefit Base	Accumulated Value	Death Benefit
1	40	41	$15,225	$0	$15,225	$312,760	$250,290	$250,290
2	41	42	$15,225	$0	$30,450	$420,603	$298,499	$298,499
3	42	43	$15,225	$0	$45,675	$399,150	$283,274	$283,274
4	43	44	$15,225	$0	$60,900	$409,408	$283,905	$283,905
5	44	45	$15,225	$0	$76,125	$419,447	$284,677	$284,677
6	45	46	$15,225	$0	$91,350	$462,837	$302,363	$302,363
7	46	47	$15,225	$0	$106,575	$465,253	$299,999	$299,999
8	47	48	$15,225	$0	$121,800	$596,286	$362,096	$362,096
9	48	49	$15,225	$0	$137,025	$583,270	$352,899	$352,899
10	49	50	$15,225	$0	$152,250	$559,109	$338,175	$338,175
11	50	51	$15,225	$0	$167,475	$574,947	$343,455	$343,455
12	51	52	$15,225	$0	$182,700	$735,168	$421,084	$421,084
13	52	53	$15,225	$0	$197,925	$708,586	$405,859	$405,859
14	53	54	$15,225	$0	$213,150	$723,700	$411,481	$411,481
15	54	55	$15,225	$0	$228,375	$742,230	$418,910	$418,910
16	55	56	$15,225	$0	$243,600	$823,681	$457,899	$457,899
17	56	57	$15,225	$0	$258,825	$835,146	$462,099	$462,099
18	57	58	$15,225	$0	$274,050	$1,076,100	$581,109	$581,109
19	58	59	$15,225	$0	$289,275	$1,066,777	$575,320	$575,320
20	59	60	$15,225	$0	$304,500	$1,039,647	$560,645	$560,645
21	60	61	$0	$40,026	$344,526	$1,027,346	$551,580	$551,580
22	61	62	$0	$42,407	$386,933	$1,250,069	$660,027	$660,027
23	62	63	$0	$54,971	$441,904	$1,145,956	$605,057	$605,057
24	63	64	$0	$54,971	$496,875	$1,093,752	$576,040	$576,040
25	64	65	$0	$57,564	$554,439	$1,040,027	$546,263	$546,263
26	65	66	$0	$60,650	$615,089	$1,068,976	$557,823	$557,823
27	66	67	$0	$69,668	$684,757	$976,325	$508,583	$508,583
28	67	68	$0	$72,583	$757,340	$1,126,445	$580,729	$580,729
29	68	69	$0	$96,677	$854,017	$953,986	$491,585	$491,585
30	69	70	$0	$98,182	$952,199	$763,947	$393,651	$393,651
31	70	71	$0	$98,244	$1,050,443	$605,385	$311,456	$311,456
32	71	72	$0	$103,581	$1,154,024	$532,937	$272,317	$272,317
33	72	73	$0	$135,692	$1,289,716	$267,382	$136,626	$136,626
34	73	74	$0	$135,692	$1,425,408	$1,904	$972	$972
35	74	75	$0	$141,229	$1,566,637	$0	$0	$0

Cortesía de Athene Insurance Company

La cuenta IRA de Robert y Sanya, actualmente sujeta a riesgos de mercado, se transferiría sin gravar a una anualidad fija indexada, eliminando ese riesgo de mercado y permitiéndoles realizar retiros sistemáticos utilizando la norma 72(t) del IRS. Esta estrategia incrementaría sus ingresos discrecionales, eliminaría su deuda más rápidamente y permitiría mayores fondos para el IUL. Un beneficio adicional sería mover dinero de una posición de riesgo a una sin riesgo, y todas las ganancias de los fondos transferidos al IUL crecerían con exención fiscal y quedarían libres de impuestos al jubilarse o estarían disponibles para préstamos para lo que fuese que lo necesitasen. Habrían creado liquidez y flexibilidad, cosa casi inexistente en su estrategia actual.

Asimismo, explicó que solo los retiros anuales permitidos en el 72(t), $ 15 225, estarían sujetos a impuestos como ingreso ordinario. Con una tasa impositiva marginal del 20 %, su retiro después de impuestos sería de $ 12 180/año. Kelly indicó que eso incrementaría sus ingresos discrecionales y, por consiguiente, eliminaría su deuda más rápidamente y financiaría su cuenta de capital (IUL) con mayor fortaleza, brindándoles un mayor ingreso una vez que dejasen de trabajar, sin mencionar considerables ventajas fiscales.

Un ingreso creciente en función de un activo decreciente es algo único en el mundo de la planificación financiera.

Al completar la estrategia de ingresos y eliminación de deuda, los ingresos proyectados de la anualidad y el IUL se vieron así:

Tucson Full book V6				
Uploaded: 1/13/2024	Date Prepared: 1/13/2024		Rate Class: Standard Non-Tobacco	
Face Value	Initial Premium	Riders		
$1,381,801	$6,231 Monthly	ABR, DBPR, LIBR, OPR, SAR		
Term Length	Premium			
20-G	$29 Monthly			
Description		**Monthly**	**Annual**	**Total For Period**
Premium	Year 1-6	$6,084	$73,006	$438,036
Loans	Year 2-6	$5,669	$68,028	$340,140
Premium	Year 7-26	$4,998	$59,976	$1,199,520
Income	Age 65-90	$21,479	$257,746	$6,701,396
Max Accumulation	Age 64 | $2,487,880		Death Benefit Age 90: $1,240,533	
Cash Value at Payoff Year: $36,183			Total Benefit: $7,941,929	
Compare to Taxed Income: $343,661 at a Rate of 25%			Total Premium - Loans $1,297,416	
Cash % Available Y1 47.71% | Y2 70.44% | Y3 78.11% | 10 YR Avg 79.97%			Net Return: $6,644,513	

De la cuenta de creación de riqueza, su ingreso anual proyectado sería de $ 257 746 desde los 60 hasta los 93 años, todo libre de impuestos.

El ingreso proyectado de la anualidad fija indexada (FIA-IRA), a los 65 años, sería de $ 60 650 anuales, aumentando potencialmente cada año, y el del IUL, de $ 257 746 anuales libres de impuestos. El ingreso total anual proyectado solo de estas dos estrategias sería, a los 65 años, de $ 318 396. A los 70 años, el ingreso total proyectado para la anualidad y el IUL sería de $ 355 990. A los 80 años, sus ingresos combinados proyectados de la FIA y el IUL serían de, aproximadamente, $ 487 829/año, de los cuales,

$ 257 746 permanecerían libres de impuestos. Y su deuda de $ 435 000 quedaría saldada.

He aquí su informe de riqueza:

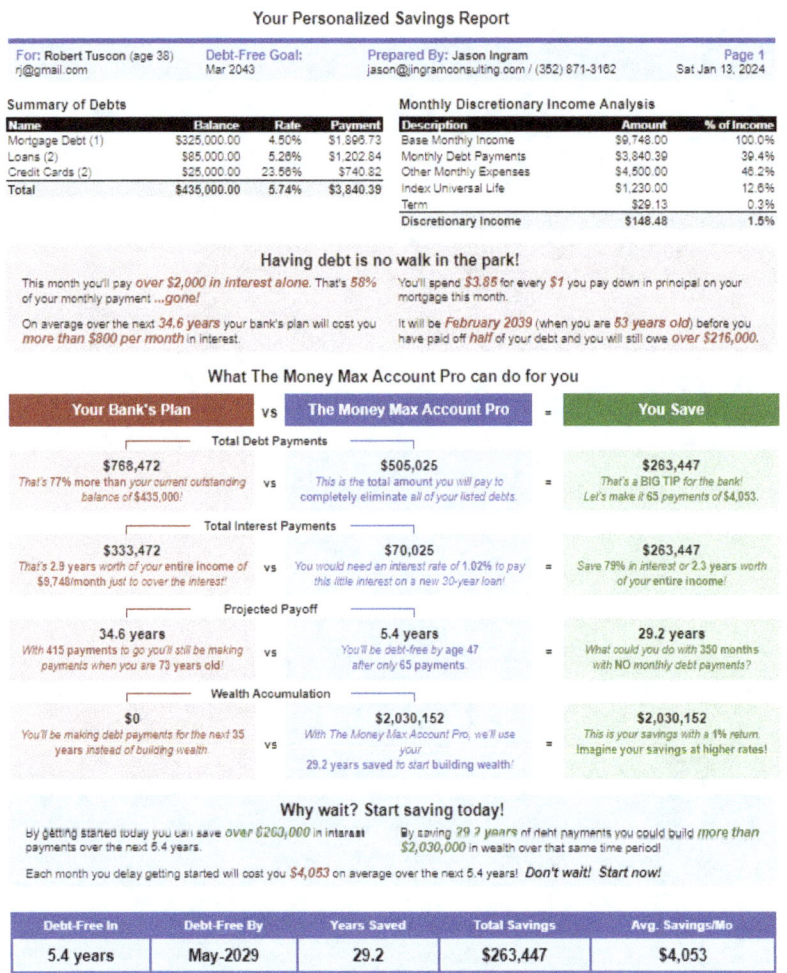

Robert y Saya tenían otra pregunta: «¿Cómo nos ponemos manos a la obra?».

SECCIÓN 5
CONCLUSIÓN

«En la mente del principiante hay muchas posibilidades, en la mente del experto hay pocas».

EN LA INTRODUCCIÓN, planteé la siguiente pregunta: **«¿Cuándo te gustaría saber si lo que creías que era verdad resultó no serlo?»**.

¿Qué respondiste? Adivino que pensaste «Ahora» o «Ayer».

The Money Max Account Pro Debt to Wealth System (Sistema Deuda a Riqueza de The Money Max Account Pro) es genuinamente revolucionario, pero, al mismo tiempo, la estrategia utiliza tácticas probadas desde hace mucho para saldar deuda al tiempo que genera riqueza. Son solo matemáticas, usando un *software* de eliminación de deudas, único en su género, para servirte de guía.

¿Funcionará para ti?

Si eres un aprendiz vitalicio, si estás hasta la coronilla de que los bancos se beneficien del dinero que tanto te ha costado ganar, si tienes curiosidad, si ansías evitar caer en las mismas viejas costumbres que los bancos nos han enseñado sobre cómo endeudarte y ahorrar, entonces esta estrategia es para ti.

¿Quién no es idóneo para esto? Si no te importa, si no quieres tomarte algo de tiempo para aprender cómo funciona el dinero y cómo tomar ventaja de esos conceptos, si simplemente estás muy ocupado y crees que ya lo sabes todo o que puedes hacerlo tú mismo, entonces no es para ti.

Pero si eres deseoso, humilde e inteligente, un agente de UFF/UFW realizará tu análisis.

¿Qué tienes que perder? Solo tu deuda y una jubilación con ventajas fiscales.

Ten la mente de un principiante; puede que te sorprendas.

APÉNDICE 1

Comprendiendo la acreditación de intereses

El seguro de vida universal indexado (IUL) ofrece protección del beneficio por fallecimiento y la posibilidad de acumular valor de rescate en efectivo basado, en parte, en intereses acreditados a partir de un índice de mercado.

Adicional al beneficio por fallecimiento, el IUL también ofrece la posibilidad de generar un valor de rescate en efectivo en función de impuestos diferidos, al que puede accederse libre de impuestos durante la vida mediante retiros de póliza y préstamos.

La acumulación del valor de rescate en efectivo depende de las tasas de acreditación de intereses pagados por la compañía de seguros sobre las primas que exceden los costos del seguro. Además de la estrategia de acreditación de interés fijo, algunos productos de los IUL ofrecen la opción de que los intereses sean acreditados en función de los cambios en los índices S&P 500®, US Pacesetter y Credit Suisse Balanced Trend.

Cómo funcionan las tasas de tope y de participación de las estrategias indexadas

Las estrategias indexadas acreditan los intereses midiendo los cambios en los índices S&P 500®, US Pacesetter o Credit Suisse

Balanced Trend. Los productos de los IUL no invierten directamente en los índices ni en ningún otro valor.

Cada estrategia indexada tiene una tasa de participación, la cual determina el porcentaje del cambio del índice a ser utilizado en el cálculo del interés acreditado. Esta tasa puede ser menor, mayor o igual al 100 %.

Algunas de las estrategias también tienen una tasa de tope. Esta tasa limita el monto del interés a ser acreditado por una estrategia.

Estrategias de acreditación indexada

El interés acreditado de la estrategia indexada se determina aplicando las tasas de tope y de participación al cambio en el índice seleccionado. Primero se determina el cambio en el índice. Esto se mide a lo largo de un año. Si el cambio es positivo, se acreditarán intereses a la póliza después de aplicar las tasas de tope y de participación. Si el cambio es negativo, se acredita el 0 % a la póliza a menos de que se haya elegido la estrategia piso del 1 %, en cuyo caso se le acreditará el 1 % a la póliza.

El interés acreditado a las estrategias de acreditación de intereses elegidas es en función del valor acumulado al final del año. Esto significa que existe el potencial de ganar intereses compuestos, aumentando aún más el valor en efectivo. Los gastos mensuales de la póliza serán deducidos del valor acumulado previo al cálculo de la acreditación de intereses.

Punto a punto

Los valores inicial y final del índice se comparan exactamente al cabo de un año, el día 14 del mes 12. Si el valor final es menor al valor inicial, el interés acreditado es el piso, el cual puede ser 0 % o 1 %, dependiendo de la estrategia. Este es el piso garantizado de las estrategias indexadas, a menudo referido como la «protección a la baja» ofrecida por los productos indexados.

Si el valor final del índice es mayor que el valor inicial, se calcula el cambio porcentual: (valor final) / (valor inicial) - 1 = % de cambio.

Estrategias centradas en el tope y en la participación:

Si el % de cambio multiplicado por la tasa de participación > al tope, entonces el interés acreditado es la tasa de tope.

Si el % de cambio multiplicado por la tasa de participación < al tope, entonces el interés se acredita en función del cambio en el valor del índice y la tasa de participación. Si el cambio es negativo, se acreditará el suelo garantizado del 0 % o del 1 %, dependiendo de la estrategia indexada.

Cuál estrategia es mejor

Mucha gente asume que la estrategia con la tasa ilustrativa más alta tendrá el mejor rendimiento porque las tasas ilustrativas máximas se determinan por los resultados históricos del índice. No obstante, el desempeño pasado no es un indicador del desempeño futuro.

No hay forma de saber cuál estrategia indexada funcionará mejor, ya sea a largo o corto plazo.

Además de las estrategias indexadas, la estrategia a plazo fijo es una estrategia de interés fijo que acredita una tasa de interés manifiesta. No depende de ningún índice. Cualquier monto del valor de la póliza y los pagos de primas pueden asignarse a la cuenta fija.

Las asignaciones también pueden dividirse entre algunas o todas las estrategias. No hay forma de predecir cuál estrategia funcionará mejor, pero al repartir la asignación entre todas las estrategias, se puede potencialmente capturar al menos algunos de los mejores rendimientos.

Al pagar una gran prima única o suma total, como en un intercambio 1035, puede que sea prudente asignar una porción a la estrategia de plazo fijo. De esa forma, los fondos podrían trasladarse periódicamente de la estrategia de plazo fijo a las estrategias indexadas.

Otra forma de conseguir esto es utilizar la cláusula de asignación sistemática, 6, que puede agregarse a cualquier póliza de vida universal indexada. La asignación sistemática permite a los clientes utilizar una suma total o un intercambio 1035 y repartir las asignaciones de la estrategia por un período de doce meses en vez de colocarlas todas al mismo tiempo.

Bonificación de intereses

La bonificación de intereses inicia en el año 6 de la póliza. La mejora del 0,35 % está garantizada, pero puede ser mayor y variar según la estrategia crediticia.

La bonificación de intereses se acredita en el aniversario de la póliza. La bonificación total de intereses se basa en el valor promedio acumulado en cada estrategia durante el año anterior. La bonificación de intereses es un interés adicional calculado sobre este valor medio. El interés adicional se coloca en la estrategia base al acreditarse. La cuenta aval de préstamo estándar no recibe la bonificación de intereses.

Cómo invierten las empresas para proporcionar intereses indexados

Las compañías de seguros no invierten directamente en los índices S&P 500®, Credit Suisse Balanced Trend o US Pacesetter para pagar tasas de interés indexado. Realizan transacciones en opciones para acreditar estos intereses como parte de una estrategia de inversión conocida como cobertura. La cobertura es una técnica de inversión diseñada para reducir o eliminar el riesgo financiero.

Para repartir intereses indexados, compran suficientes opciones *call* (opciones de compra) a un año en los índices para cubrir la porción del valor de la cuenta elegible a recibirlos. Si el índice sube, se ejercen las opciones *call* y se reciben los montos necesarios para cubrir las obligaciones de acreditación indexada.

En las estrategias con tasas de tope, es posible compensar el costo de la adquisición de opciones *call* necesarias vendiendo, simultáneamente, opciones *call*. Las opciones *call* vendidas dan al comprador de la opción *call* el excedente del rendimiento del índice, es decir, aquello por encima de lo que se necesita para cubrir los gastos de acreditación de intereses. La empresa no se beneficia de la estrategia de cobertura. Solo la utiliza para proporcionar la acreditación de intereses vinculados a la indexación.

Cómo se determinan las tasas de tope y de participación

Las tasas de tope y de participación se determinan por varios factores. El más obvio es el precio de las opciones. Generalmente, a medida que los precios de las opciones aumentan, las tasas de tope y de participación disminuyen. Varios son los factores financieros que hacen que los precios de las opciones aumenten. Uno de los que más inciden en los costos de las opciones es la volatilidad de los índices. Cuanto más volátil sea el índice subyacente, mayores serán los costos de las opciones. El nivel de precios del índice, la tasa de interés libre de riesgo y el precio de ejercicio de la opción (precio *strike*) también son factores que determinan los precios de las opciones.

Puesto que el IUL es un producto de los seguros fijos, este está respaldado por activos en la cuenta general. Estos activos devengan ingresos por inversiones. Sin embargo, el monto de estos ingresos puede variar conforme cambian las tasas de interés. Generalmente, cuantos más ingresos por inversiones devengue la empresa, más opciones habrá que comprar y mayores serán las tasas de tope y de participación. En épocas en que las ganancias por inversiones están deprimidas, cuanto menos se tenga que gastar en opciones para respaldar las estrategias indexadas, menores serán las tasas de tope y de participación.

Cómo se determinan las tasas de tope de renovación y de participación

Para productos con plazos de estrategia a un año, las tasas de tope de renovación y de participación han sido las mismas que las de dinero nuevo (*new money*). La determinación de las tasas de renovación para estrategias a un año es idéntica a la determinación de las tasas para dinero nuevo.

Todos los productos indexados se gestionan en función de la tasa de la cartera. Esto significa que se agregan todos los activos que respaldan el valor en efectivo y todos los ingresos por inversiones que esos activos devengan.

Cómo se determinan las tasas máximas ilustrativas

Las tasas máximas ilustrativas para cada estrategia se determinan aplicando una regulación de la industria. Esto implica aplicar las tasas de tope y de participación actuales a cada secuencia hipotética de 25 años del rendimiento del índice durante los últimos 65 años para determinar un rendimiento promedio.

Se modelan los rendimientos como si los productos hubiesen estado disponibles durante los últimos 65 años y se asume que mensualmente se depositó dinero durante cada período «retrospectivo» de esos 25 años. Se calcula y ajusta el rendimiento anual promedio, convirtiéndose así en la tasa máxima ilustrativa. El *backcasting*, a los fines de determinar las tasas máximas ilustrativas, solo estima los resultados históricos hipotéticos de las estrategias y no puede utilizarse para predecir resultados futuros. A esto hay que agregar que algunos estados limitan la tasa máxima permitida para ser ilustrada en productos indexados. De ahí que las ilustraciones en esos estados reflejarán ese límite.

Qué tan seguido pueden realizarse cambios en las asignaciones de estrategias

Las asignaciones pueden cambiarse en cualquier momento. Pero el dinero que ya fue puesto en una estrategia solo se redestinará al final del plazo de la estrategia conforme a cualquier cambio.

Qué es la estrategia básica

La estrategia básica es una cuenta de acreditación de intereses fijo en la que se retiene cualquier prima no asignada hasta que sea trasladada a las estrategias indexadas de acreditación elegidas el 14 de cada mes.

Cómo funcionan los préstamos

Los préstamos de pólizas son un derecho contractual. Una vez que la póliza ha estado en vigor por espacio de un año, su titular tiene derecho a pedir prestado a la compañía de seguros utilizando el valor de rescate en efectivo de la póliza como garantía de los préstamos (1035: el dinero está disponible en el año 1). Aparte de tener suficiente valor de rescate en efectivo de la póliza para usarlo como garantía, no existe ninguna condición que impida pedir un préstamo a la compañía de seguros.

Puesto que la compañía de seguros está prestando y necesita obtener un rendimiento de sus activos, esta cobra intereses sobre el monto del préstamo. Este interés puede pagarse a su vencimiento o «capitalizarse» añadiéndolo al monto prestado, aumentando de esa forma el préstamo de la póliza.

Las tasas de interés de los préstamos participativos variables y estándar son variables. Las tasas de préstamos variables no pueden exceder un monto determinado por el rendimiento compuesto actual de Moody sobre bonos corporativos maduros. Las tasas de préstamo variables actuales las determina mensualmente la empresa. Sin embargo, para una póliza dada, la tasa del préstamo solo se reinicia anualmente en el aniversario de la póliza.

Las disposiciones de préstamos participativos señalan que la garantía del préstamo permanece en estrategias indexadas ganando intereses indexados aun si se utiliza como aval. La tasa de interés del préstamo se cobra normalmente, de modo que, en momentos en los que los intereses indexados exceden las tasas de interés de los préstamos de la póliza, los titulares de pólizas IUL en realidad ganarán más por los montos de las garantías de lo que se les cobra por los montos adeudados. La condición contraria, o estar «patas arriba», puede resultar muy perjudicial para la póliza de seguro. Los préstamos deben gestionarse cuidadosamente.

Un titular puede cambiar el tipo de préstamo una vez por año de póliza sin saldar el préstamo existente. Esto puede suponer una diferencia de salvaguarda de póliza si los préstamos llegasen a estar patas arriba.

Hay un par de cosas para recordar acerca de los préstamos de póliza:

1. Las deducciones del seguro continúan incluso si hubiese un préstamo, por lo que debe permanecer suficiente valor de rescate en efectivo no sometido a préstamo, o puede que sea necesario realizar pagos adicionales de primas para continuar con

la cobertura; de lo contrario, la póliza puede expirar, causando consecuencias fiscales adversas sobre los montos del préstamo que ya se recibieron y la pérdida de la póliza y la cobertura.

2. Los montos de los préstamos de póliza reducen el valor de rescate en efectivo y los beneficios por fallecimiento de la póliza.

3. Los préstamos pueden reembolsarse. Los importes destinados al reembolso del préstamo deben designarse claramente como tales; de lo contrario, se considerarán pagos de prima.

Cómo funcionan los retiros

A diferencia de un préstamo de póliza, los retiros son una remoción propiamente dicha del valor de rescate en efectivo de la póliza. El monto de los retiros puede ser hasta por el valor de rescate en efectivo de la póliza, menos tres deducciones mensuales. En estos momentos no se aplica ninguna tarifa sobre retiros. Sin embargo, podría cobrarse hasta $ 25 anuales.

La porción del valor de rescate en efectivo consistente en las primas pagadas en la póliza se conoce como *base*. Cualquier monto superior a ese se considera ganancia. Los retiros acumulativos hasta el monto base no están sujetos a impuestos, siempre y cuando las primas se hayan pagado con dinero después de impuestos. Los montos de retiro por encima de la base son gravados como ingresos. Una vez que se retira la base de una póliza, suele ser aconsejable cambiar a préstamos para acceder a cualquier valor de rescate en efectivo adicional. Esto evita cualquier consecuencia fiscal inmediata, pero es importante mantener la política vigente; de lo contrario, los préstamos pasan a ser imponibles en cuanto la póliza expire.

Estrategias de cuentas

Account Strategies

US Pacesetter Index

Participation Focus Strategy (Point-to-Point)
- Participation Rate will always be equal to or greater than 50%.
- We guarantee no Cap on this strategy.

Balanced Trend Index

Participation Focus Strategy (Point-to-Point)
- Participation Rate will always be equal to or greater than 50%.
- We guarantee no Cap on this strategy.
- Guaranteed 0% Floor.

Standard & Poor's Composite Index of 500 Stocks (S&P 500®)

Cap Focus Strategy (Point-to-Point)
- Higher Cap Rate than our other strategies.
- Participation Rate will always be equal to or greater than 100%.
- Guaranteed Minimum Cap 3.1%.
- Guaranteed 0% Floor.

Participation Focus Strategy (Point-to-Point)
- Higher Participation Rate than our other strategies.
- Participation Rate will be at least 110% or greater.
- Guaranteed Minimum Cap 3.0%.
- Guaranteed 0% Floor.

1% Floor Strategy (Point-to-Point)
- Guarantees a Floor of 1%.
- Participation Rate will always be equal or greater than 100%.
- Guaranteed Minimum Cap is 2.1%.

Fixed Accounts

Fixed Term Strategy
- Credited daily, a fixed interest rate declared by the company and guaranteed for one year.
- 2.0% Guaranteed

Historical Values*

Dec. 14th of Year	S&P 500® Index	1 Year Change	Balanced Trend Index	1 Year Change	US Pacesetter	1 Year Change
2015	2,021.94	0.98%	213.65	-0.42%	245.80	1.92%
2016	2,253.28	11.44%	221.09	3.48%	251.42	2.29%
2017	2,652.01	17.70%	242.93	9.88%	287.44	14.33%
2018	2,599.95	-1.96%	236.67	-2.58%	282.31	-1.78%
2019	3,168.80	21.88%	261.47	10.48%	319.95	13.33%
2020	3,647.49	15.11%	264.35	1.10%	365.31	14.18%
2021	4,634.09	27.05%	279.95	5.90%	380.39	4.13%

*Historical performance is not indicative of future results.

www.ingramcontent.com/pod-product-compliance
Lightning Source LLC
Chambersburg PA
CBHW070200230526
45471CB00002B/744